戰國卷

群星闪耀

石岗 著

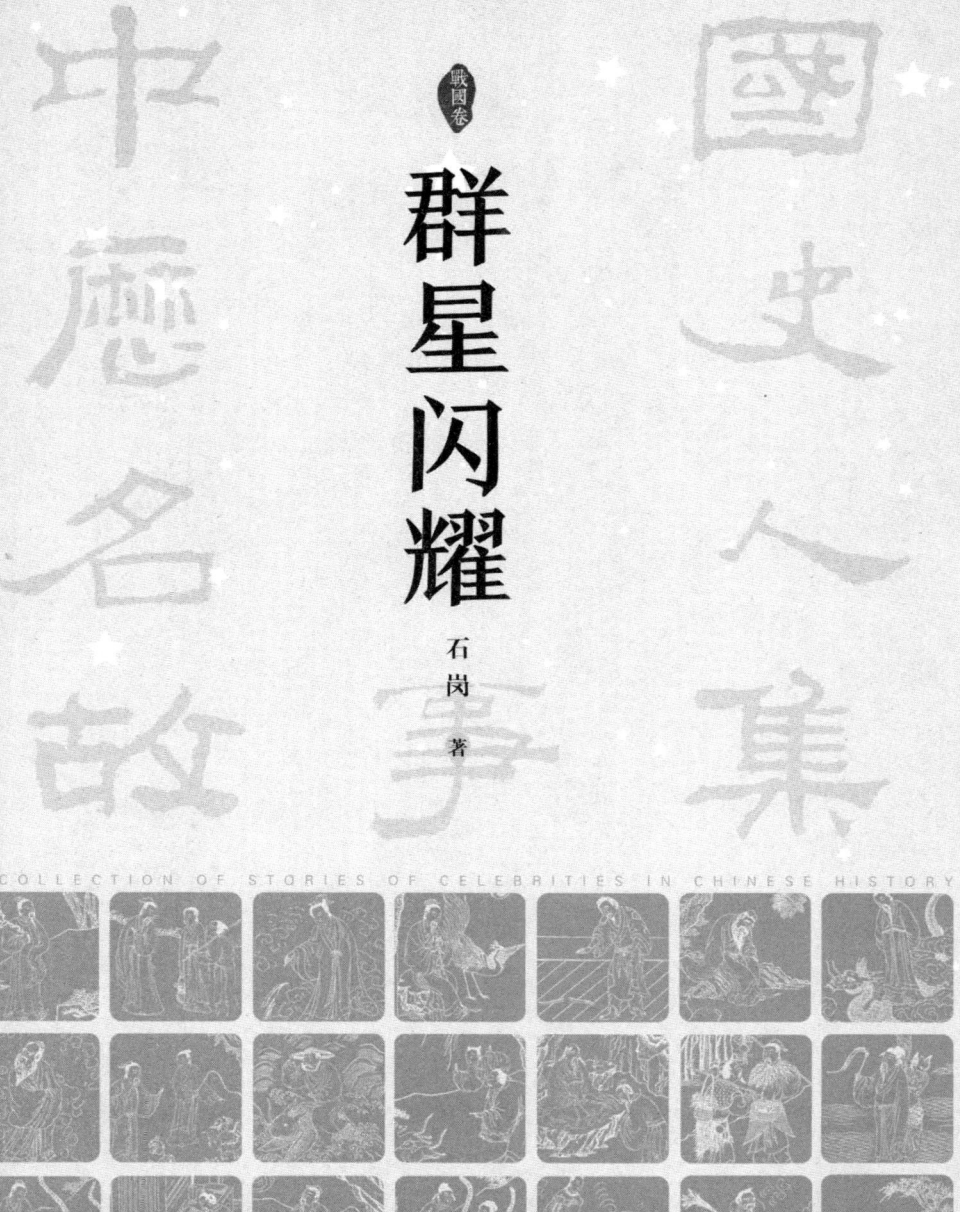

COLLECTION OF STORIES OF CELEBRITIES IN CHINESE HISTORY

团结出版社

前　言

孩子们，周朝分为两个时期，西周和东周。东周又分为两个时期，春秋和战国。

在上一册书中，我们讲了春秋时期的历史名人。春秋时期，各个诸侯国已经不听周王的命令，互相攻击，战争不断，周朝开始分封的许多小的诸侯国被消灭了，许多国家就不存在了，最后只剩下十几个国家。其中大的国家有西面的秦国、东面的齐国、北面的燕国和晋国、南面的楚国、东南面的越国，还有夹在这些国家之间的宋国、卫国、中山等国。

晋国在春秋时期，是一个大国，长期称霸诸侯。在晋献公时期，发生了骊姬之乱，晋献公姬诡诸把自己的几个儿子，驱逐的驱逐，杀死的杀死，后来，晋文公姬重耳重新回国掌权，他不再立国君的儿孙为贵族，所以历史上说"晋无公族"。

到了晋成公姬黑臀时期，把许多官宦人家有功劳的人，封为公族，从此以后，晋国的实权就掌握在异姓的公族手中，而晋国国君就没有实权了。

春秋中期以后，十多家异姓公族控制了晋国。后来，他们之间长期争斗，到春秋后期只剩下赵、魏、韩、范、智、中行氏六家，历史上称为"六卿"。

这六家各有各的地盘和军队，互相攻打。后来范家和中行家被打散了，还剩下智家、赵家、韩家、魏家。这四家中以智家的势力最大。

那时候，越国消灭了吴国，越王姒勾践率军北上举行诸侯会盟，成为春秋时期最后一位霸主。晋国智家的智伯瑶执政后，对三家大夫赵襄子、魏桓子、韩康子说："晋国本来是中原霸主，后来被吴、越夺去了霸主地位。为了使晋国强大起来，我主张每家都拿出一百里土地和土地上的百姓交给晋国国君，我智家先拿出一万户献给晋公，你们怎么做呢?"

三家大夫都担心失去土地后,自家的实力会下降,都不愿献出土地和人民,可是三家心不齐。韩家的韩康子首先把土地和一万户百姓交给晋公;魏桓子也惧怕智伯瑶的威力,也把土地、百姓割让了。

智伯瑶又问赵襄子,赵襄子不答应。他说:"土地和百姓是我的祖宗留下来的,我怎么能随便交出去呢?"

智伯瑶把赵襄子的话,报告给晋出公姬凿,姬凿非常生气,就命令智家和韩、魏两家一起发兵进攻赵家。

于是,智伯瑶率领三家的军队,开始进攻赵家。

赵襄子见三家联军进攻自己,他知道寡不敌众,就带着赵家兵马退守晋阳,晋阳在今天山西太原市附近。

智伯瑶率领军队,把晋阳城团团围住。赵襄子命令手下将士,坚决守城,不许交战。如果三家士兵攻城,就用弓箭射杀,使三家人马没法攻入城中。

晋阳城凭着弓箭死守了两年多。三家兵马始终没能把它攻下来。

有一天,智伯瑶到城外察看地形,看到晋阳城东北有一条河，叫做晋水，他忽然想出了一个主意，他就吩咐士兵在晋水旁边另外挖一条河，一直通到晋阳城边，又在上游筑起堤坝，拦住河水。

过了不久，雨季到了，水坝上的水满了。智伯瑶命令士兵在水坝上挖开一个口子。这样，大水就直冲晋阳，灌到城里去了。

城里的房子被淹了，老百姓不得不跑到房顶上去避难，做饭的锅灶也被淹没在水里，人们不得不把锅挂起来做饭。可是，晋阳城的老百姓恨透了智伯瑶，宁可淹死，也不肯投降。

智伯瑶估计赵襄子的城快守不住了，他就约韩康子、魏桓子一起去察看水势。他指着晋阳城得意地对他们说："你们看，晋阳不是快完了吗？早先我还以为晋河水像城墙一样能拦

智伯与韩、魏两家的军队围攻晋阳，选自《新镌绣像列国志》

住敌人，现在才知道大水也能灭掉自己国家呢。"

韩康子和魏桓子听了心里暗暗吃惊。原来魏家和韩家的城池都在河边上，智伯瑶的话正好提醒了他们，晋水既然能淹晋阳，说不定哪一天智伯瑶也会用同样的办法，淹掉自己的城池。

晋阳城淹在大水里，城里的情况越来越困难。赵襄子非常着急，对他的门客张孟谈说："老百姓虽然还没变心，可是要是水势再涨起来，晋阳城也就保不住了。"

张孟谈说："我看韩康子和魏桓子现在虽然跟随智伯瑶，但和他不一定是一条心，我想办法出城去，劝他们进攻智伯瑶。"

当天晚上，张孟谈偷偷地出城，先找到了韩康子，再找到魏桓子，约他们反过来一起攻打智伯瑶。韩、魏两家正在犹豫，经张孟谈一说，就都同意了。他们就约定，联合起来进攻智伯瑶。

第二天夜里，智伯瑶正在自己的营里睡觉，突然听到一片喊杀声。他连忙从卧榻上爬起来，发现衣裳和被子全湿了，再定睛一看，兵营里全是水。他开始还以为是堤坝决口，大水灌到自己营里来了，赶紧叫兵士们去抢修。但是不一会，水势越来越大，把兵营全淹了。智伯瑶正在惊慌不定，突然，四面八方响起了战鼓。赵、韩、魏三家的士兵驾着小船和木筏一齐冲杀过来。智家的兵士，被砍死的和淹死在水里的不计其数。智伯瑶全军覆没，他自己也被三家的人马抓住杀死了。

韩、赵、魏三家为了免除后患，开始率军攻打智家的城池，把智家二百多口人全杀了，连智家的土地也由三家平分。晋出公姬凿大怒，向齐国和鲁国借兵讨伐韩、赵、魏三家。可是，还没等齐国和鲁国军队到达，韩、赵、魏三家就联合进攻姬凿的军队，姬凿无力抵抗，只好出逃，结果病死在路上。

姬凿死后，韩、赵、魏三家把姬凿的本家姬骄立为国君，史称晋哀公。随后，三家又把晋国留下的其他土地也瓜分了。

接着，韩、赵、魏三家派人到洛邑去见周威烈王姬午，要求把他们三家封为诸侯。姬午想，不承认也没有办法,不如做个顺水人情,就把三家正式封为诸侯。

从此,韩、赵、魏都成为中原诸侯大国。

韩、赵、魏三家瓜分晋国,在历史上称为"三家分晋"。这个事件,标志着春秋时代结束,战国时代开始。

此后,楚国灭掉越国,就只剩下韩、赵、魏,加上秦、齐、楚、燕四个大国争霸天下,历史上称他们为"战国七雄"。

战国时代从三家分晋开始,一直到秦始皇消灭其他国家,建立秦朝,一共经过了182年历史。

战国时代,是中国历史上人才辈出的时代,出现了为了国家强大,积极变法的秦孝公赵渠梁,出现了改革自强的赵武灵王赵雍,出现了儒家思想家孟轲、荀况,墨家思想家墨翟,道家思想家庄周,法家思想家韩非和公孙鞅,军事家吴起、孙膑,阴阳家邹衍,名家公孙龙子,农家许行,纵横家张仪、公孙衍和苏秦,杂家吕不韦。同时,还出现了伟大的诗人屈原。

这一册书,我们将讲述墨翟、吴起、秦孝公与公孙鞅、孟轲、庄周、孙膑与庞涓、荀况、韩非、赵武灵王、廉颇与蔺相如、屈原等人的故事。

石　岗
2016年1月于西安含光书屋

目 录

墨 子

一、平民出身　　　　　1
二、墨家团体　　　　　4
三、兼爱非攻　　　　　6
四、快马加鞭　　　　　13
五、科技巨匠　　　　　15
六、光照千秋　　　　　16

吴 起

一、少年波折　　　　　18

二、拜师学艺 19

三、杀妻拜将 21

四、牛刀初试 23

五、镇守西河 26

六、楚国改革 30

七、著名战将 32

秦孝公和商鞅

一、继承父业 33

二、颁令求贤 34

三、商鞅入秦 35

四、三试秦公 37

五、舌战贵族 39

六、立木取信 41

七、迁都咸阳 43

八、奖励军功 45

九、秦国争霸 46

十、凄惨辞世 47

十一、千秋功罪 48

孟　子

一、孟母三迁　49
二、孟母断机　51
三、学习儒学　53
四、始作俑者，其无后乎　55
五、五十步笑百步　56
六、一曝十寒　59
七、王顾左右而言他　60
八、不以规矩，不成方圆　61
九、有为有不为　62
十、进锐退速　63
十一、仁者高位　64
十二、舍生取义　65
十三、老老幼幼　66
十四、生于忧患，死于安乐　66
十五、尊为亚圣　68

庄　子

一、热爱自由　70
二、崇尚道德　72

三、庄周梦蝶　　　　　　73

四、邯郸学步　　　　　　74

五、鹏程万里，扶摇直上　　75

六、庖丁解牛　　　　　　75

七、呆若木鸡　　　　　　78

八、东施效颦　　　　　　79

九、捉襟见肘　　　　　　80

十、朝三暮四　　　　　　81

十一、鼓盆而歌　　　　　82

十二、庄子陪葬　　　　　83

孙膑与庞涓

一、同窗好友　　　　　　85

二、庞涓拜将　　　　　　86

三、反目成仇　　　　　　87

四、田忌赛马　　　　　　92

五、围魏救赵　　　　　　95

六、马陵之战　　　　　　97

七、著作兵法　　　　　101

荀子

一、学者生涯　　103
二、重视礼法　　107
三、青出于蓝　　108
四、锲而舍之　　108
五、陋儒而已　　109
六、三省吾身　　110
七、道远行至　　110
八、悍戆好斗　　111

屈原

一、石洞读书　　112
二、出任左徒　　114
三、流放汉北　　117
四、重回国都　　122
五、再次流放　　125
六、投江而死　　127

赵武灵王

一、五国会葬　　129
二、胡服骑射　　131

三、灭中山、收楼烦　　138

四、干政秦燕　　141

五、梦中情人　　144

六、沙丘之变　　145

七、名留史册　　146

廉颇与蔺相如

一、和氏璧　　148

二、完璧归赵　　150

三、渑池会　　155

四、将相和　　157

韩非

一、抑郁一生　　160

二、自相矛盾　　163

三、守株待兔　　164

四、讳疾忌医　　165

五、滥竽充数　　167

墨 子

一、平民出身

孩子们，我们今天讲的这位历史名人，是我国历史上一位影响巨大的人物，他姓子，墨氏，名叫翟（dí），尊称为墨子。他是一位伟大的思想家、教育家、科学家和军事家。

墨子是宋国人。他的祖先是宋襄公子兹甫的哥哥子目夷。但是，墨子的父亲却是一位平民百姓，所以，墨子是一位出身于人民中间的伟人。

墨子在少年时代当过牧童，做过木工，种过地。后来，墨子决心出去拜访天下名师，学习治国之道，恢复自己先祖曾经有过的地位。

据说墨子穿着草鞋，步行天下，开始在各地边旅游边学习。

墨子首先拜孔子的弟子学习儒学。但是，他又不赞成儒家对待天帝、鬼神和命运的态度，反对儒家提倡人死了要用许多东西陪葬的主张，反对儒家过于繁琐的礼节和奢华萎靡的音乐，认为儒家所讲的都是些华而不实的东西。

后来，墨子不只学习儒家著作，他开始学习各家的学问，从中吸取有益的思想。他走到哪里，都要用车拉着很多书，边走边读。有一次，墨子到卫国去，拉着满满一车书，有个叫弦唐子的人问他，带这么多书干什么呢？

墨子说："过去周公每天早上要读一百篇文章，晚上还要接见七十个读书人，所以他知识渊博。我既不需要像周公那样忙于治理国家，又不需要去耕种田地，我还有什么理由不读书呢？"

读书多了，墨子就有了丰富的知识，他把这些知识和现实结合起来，独创了自己的思想，称为"墨家"学说。

墨子的足迹走遍了各个国家。东到齐国,北到郑国、卫国,南到楚国。各个国家对墨子都非常欢迎。楚王、越王还打算给墨子封地,并委任官职,但墨子都没有接受。

墨子继续在各地讲解自己的学说,整天忙得不可开交,非常辛苦。有一次,他在齐国见到一位老朋友。

老朋友问他:"现在天下已经没有道义了,也没有人传播道义。你何苦一个人这样辛苦,到处跑着讲解道义呢?"

墨子说:"老朋友,你不明白啊!你听我说,有个人生了十个儿子,只有一个人种地,其他九个都闲着,这一个种地的就不能不更加努力啊。为什么呢?因为吃饭的人多而种地的人少。现在天下没人传播道义,您应该鼓励我才行,为什么还要劝阻我呢?"

有一个成语叫做:"孔席墨突","突"是烟囱的意思。就是说孔子的席子暖不热,墨子的烟囱熏不黑。孔子和墨子都到处跑着传播思想,四处奔忙,不等席子暖热,不等烟囱熏黑,就又出发了。

二、墨家团体

墨子在各地招收很多学生,讲解自己的思想。有大批劳动人民开始追随墨子,逐步形成了自己的学派。成为和孔子开创的儒学同样重要的另一大学派。儒学和墨学成为当时并列的两大"显学",就是与人民生活关系密切的学说。那时候,天下文人,"非儒即墨",也就是说,当时的文人,不是儒家弟子,就是墨家弟子。

墨子在各地招收的学生越来越多,据说有几千人。墨子就制定了很严的纪律和规定,墨家形成了一个有严密组织纪律的团体。

墨家弟子都生活很简朴,穿短衣、草鞋,都要参加劳动,自给(jǐ)自足,认为吃苦是高尚的事,奢华浪费是可耻的。

墨家纪律严明,如果谁违背了规定,轻则开除,重则处死。

墨家的最高领袖称为"矩(jǔ)子(巨子)",墨家的成员都称为"墨者"。墨者都服从矩子的指挥,"赴汤蹈火,死不旋踵（xuán zhǒng）"，就是为了墨家的事业，愿意贡献自己的生命，面临死亡都不逃跑。

墨子名气越来越大，宋昭公子杵臼（chǔ jiù）就拜请他做了宋国大夫。墨子也愿意为自己的国家贡献力量。他帮助子杵臼治理国家，使宋国逐渐变得政通人和，百姓平安。

但是，宋昭公后期，戴欢当上宋国太宰，他和掌握大权的司城皇互相争权夺利，最后竟然带领军队，互相攻击。

大臣子罕带兵打败了戴欢，又赶走了宋昭公子杵臼，掌握了政权。

墨子劝子罕不要再追杀宋昭公，子罕竟然把墨子关押起来。而且要杀墨子。这件事，引起各国各界人士的震惊。

墨家弟子纷纷前来营救墨子，他们派人和子罕辩理，为墨子辩护；另一些人到各地请出各界名人，大造舆（yú）论；同时，墨家剑客准备杀入都城，营救墨子。

最后，迫于内外压力，子罕不得不释放了墨子。

墨子从此远离官场，一心一意著书立说，教育弟子，传播自己的思想。

三、兼爱非攻

墨子主张"兼爱"，就是人人平等和博爱。

墨子说，不管是国王还是大臣，不管是父亲还是孩子，不管是兄弟还是姐妹，不管是熟人还是陌生人，都要在平等的基础上相互友爱。

墨子说："爱人若爱其身"，就是要像爱自己一样爱护别人。

墨子要求人人要兼爱，非攻。"非攻"就是不要无缘无故地去进攻别人。他反对战争，希望和平。

有一次，楚国要攻打宋国，当时有名的设计师公输班为楚国制造了一种云梯，准备用来进攻宋国都城商丘。当时墨子正在鲁国讲学，他听到这个消息，急忙带领弟子，走了十天十夜，赶到楚国都城郢（yǐng）都。

墨子见到公输班。

公输班问:"墨先生来这里,有什么事吗?"

墨子说:"北方有一个人欺负侮辱我,我想请公输先生帮我去杀了他。"

公输班很不高兴。

墨子说:"我愿意给你送十两金子,作为酬谢。"

公输班说:"我是一个坚守仁义的人,怎么会去杀人呢?"

墨子站起身,对着公输班行了两次礼,说:"我在北方听说你在制造云梯,准备用它来攻打宋国。宋国有什么罪?楚国土地广大但是人口稀少,打仗就会牺牲人民。你牺牲珍贵的人民,去争夺多余的土地,你说你的做法明智吗?宋国没有什么错却要攻打它,你这样做仁义吗?你明明知道这样做不对,却还要为楚王制造云梯,你这样做是忠君吗?你自称坚守仁义,不

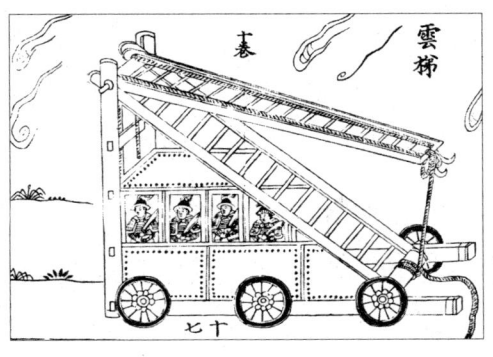

云梯

杀人，却要发动战争杀更多的人，你这样做，就是不明事理，胡作非为。"

公输班被墨子质问得哑口无言。

墨子说："赶紧停止你进攻宋国的计划吧。"

公输班说："不行，我已经报告楚王了，楚王不会停止进攻宋国的计划。"

墨子说："你为什么不引我去见楚王呢？"

于是，公输班就让人带着墨子去见楚惠王熊章。

墨子见到楚惠王，说："大王，我有一件事情想不明白，想请大王帮我判断一下"。

楚惠王说："先生请讲。"

墨子说："有一个人，他自己很富有，有装饰美丽的车，有漂亮的衣服；也有可口的饭菜吃。但是，他却舍弃自己装饰美丽的车，邻居有辆破车，却想去偷；他舍弃自己漂亮的衣服，邻居有件粗布衣服，却想去偷；他还舍弃自己可口的饭菜，邻居只有粗糙的食物，他也想去偷。大王，你说，这是怎么样的一个人呢？"

楚惠王回答说："这个人一定是得了偷盗的病了。"

墨子说:"楚国的土地,方圆足有五千里。宋国的土地,方圆不过五百里,这就像装饰华美的车子与破车相比。楚国有云梦泽,里面有成群的犀(xī)牛、麋(mí)鹿,长江、汉水里的鱼、鳖(biē)、鼋(yuán)、鳄鱼多得天下无比。而宋国却是一个连野鸡、兔子、小鱼都没有的地方,这就像拿可口的佳肴与粗糙的食物相比。楚国有巨松、梓(zǐ)树、黄楩(pián)木、楠木、樟木等名贵木材。而宋国是一个连多余的木材都没有的国家,这就像华丽的衣服与粗布短衣相比。大王放着家里这么多好东西,却惦记着进攻宋国,我认为是和这个得了盗窃病的人一样的做法。"

楚惠王想了想说:"先生说得很对。但是,公输班已经给我造好了云梯,我不用可惜了,我一定要攻取宋国,试验一下。"

墨子说:"公输班制造的云梯,根本不能攻下宋国的城池,不信,大王可以叫公输班来,我们当场给您演示一下。"

楚惠王召公输班进宫,和墨子一起演示用云梯攻城。

墨子解下衣带,用衣带当做城墙,用木片当做守城器械。公输班多次运用了攻城的巧妙战术,墨子多次抵御。公输班的攻城器械用完了,而墨子抵御的器械还剩余许多。

公输班最后认输了,但是他却说:"我知道用什么方法来对付你,可我不说。"

墨子说:"我也知道你用来对付我的方法,我也不说。"

楚惠王听糊涂了,问:"你们说的什么意思?"

墨子说:"公输先生的意思是,只要杀了我,宋国就没有人能守城,就可以攻下宋国的城池了。可是,我的学生禽滑厘(qí gǔ lí)已经带着三百多人,拿着我的守城器械,在宋国城上等着楚国进攻呢。即使杀了我,也照样攻不进去。"

楚惠王还在犹豫不决。

墨子接着说:"战争是危险的事。自古以来,有许多强大的国家,在战争中灭亡,只有极少数国家幸存。这就好比一个医生给上万个人治病,仅仅治好了几个人,这个医生不算一个好医生。战争同样不是使国家强大的好方法。打仗的时候,年轻人都上了战场,耽误了农业生产,来年国家就会有饥荒，许多人就会饿死。打仗的时候抢劫别人财富，不劳而获，杀人越货，残害无辜，还把别的国家的人民抓来做奴隶。都是不仁不义的行为，会遭世人的痛恨和叱（chì）骂。"

楚惠王被墨子彻底说服了，就说："好吧，我决定不攻打宋国了。"

墨子告别楚惠王，从楚国回鲁国。经过宋国的时候，天下着雨，墨子想到城门洞里避雨，守门的士兵不知道墨子是他们的救命恩人，不允许他进城门。墨子毫无怨言，彻夜站在风雨中。

后来，墨子还制止了齐国进攻鲁国的战争。

齐国大将项子牛要带兵进攻鲁国，墨子听说了，就急忙赶到齐国。他对项子牛说："齐国攻打鲁国，是大错。"

于是，项子牛问他为什么？

墨子说："以前吴王先后进攻越国、楚国、齐国，每次都获得胜利。后来，各个诸侯国联合起来报仇，把吴王打败了。所以大国攻打小国，是互相残害，最后，灾祸必定要回报回来。"

于是,项子牛就没有再进攻鲁国。

有几年,楚国和越国在长江上常常发生战争,双方乘船水战,越国士兵熟悉水性,常常打败楚国。

楚惠王就再次请公输班来到楚国,帮助楚国制造战船上用的钩镶(xiāng),楚国有了钩镶,就打败了越国。

一次,公输班见到墨子,向墨子夸耀说:"是我的钩镶,打败了越国。"

墨子生气地说:"你的武器是钩镶,我的武器是道义,我的道义胜过你的钩镶。因为道义,可以使人与人之间互敬互爱互利,武器只能使人们相互残杀,最后导致国

钩镶,江苏镇江出土东晋画像砖

家灭亡。

墨子老年的时候,听说齐国想攻打鲁国,他不顾身体老迈,亲自去齐国会见齐太公田和。

墨子问田和说:"一个人被杀了,刀砍掉了人头,这是刀的责任,还是拿刀人的责任?"

田和说:"杀人的责任不在于刀,而在于拿刀的人"。

墨子说:"进攻弱小的国家,屠杀无辜的百姓,谁应该承担这种不道德的责任呢?"

齐太公想了好久不得不承认说:"我应当承担责任。"

于是,齐太公田和放弃了进攻鲁国的计划。

墨子为了天下和平,拯救无辜的生命,付出了毕生的心血,他的伟大事迹,永远在中华大地上流传。爱好和平的人,永远热爱他,歌颂他。

四、快马加鞭

墨子是优秀的教育家,很善于教育自己的学生。

墨子有一个学生,叫耕柱子,聪颖过人,但是懒惰成性,不努力学习,墨子总是批评教育他。

一天,耕柱子问墨子说:"先生,您总是批评我,我难道真的没有比别人强的地方吗?"

墨子说:"我要上太行山,乘坐快马和牛拉的车,你说,鞭打快马好呢?还是打牛好?"

耕柱子回答说:"当然要鞭打快马。"

墨子问:"为什么要鞭打快马呢?"

耕柱子说:"快马感觉灵敏,鞭打它可以使它跑得更快。但是牛生性就慢,你再打它,也跑不快呀!"

墨子笑着说:"我之所以经常批评你,就是认为你也像快马一样,是值得鞭策的。你要努力学习,力求上进啊。"

从此,耕柱子发奋读书,力求上进,再也不用老师整日督促了。

有一次,墨子与几位弟子漫游染山。他看到染山上染工们染丝的情景,感慨万千,叹息说:"白色的丝染在青色的颜料里,就变成青色;在黄色的颜料里就变成黄色。颜料变了，被染的丝的颜色也就改变了。"

墨子对自己的学生们说："社会环境对人的影响巨大，和什么样的人交往，就会受什么人影响。每个人不论职位高低，都必须慎重选择与自己相处的人，并创建优美的文化环境，立志成才呀！"

五、科技巨匠

墨子也是伟大的科学家，他对光学、物理学、数学都很有研究。

有一次，墨子进行光学试验，他在堂屋朝着太阳的墙上挖开一个小孔，让一个人对着小孔站在屋外，在阳光照射下，屋内对面的墙上出现了一个倒立的人影。

墨子通过小孔成像的光学实验，阐述了光的直线传播原理：即光从上下直射，人的头部与足部成影在下边和上边，构成倒影，成为后代摄影技术的先声。

墨子也是一位能工巧匠，他发明制造了许多精巧的工具，也制造了在当时非常了不起的器械。比如风筝和会飞的木鸟。

墨子还对几何学、物理学、数学的许多问题进行过研究。

2016年,我国发射的全球首颗量子科学实验卫星,就命名为"墨子号"。

六、光照千秋

公元前390年前后,墨子离开人世,他一生为了倡导建立一个和平、繁荣的社会而费尽心血。

他的弟子们遵照他生前节葬的主张,将他的遗体安葬在狐骀(tái)山下的苍松翠柏之中。

墨子的陪葬品极其简单,就是他自己的著作《墨子》书稿。

《墨子》一书共七十一篇,是他一生言行的真实写照,内容丰富深刻,博大精深,其中有人的品德智慧修养、兼爱救世的思想、科技发明、逻辑辩论的方法,识人用人、利人牺牲的见解,刻苦实践、吃苦为乐的主张,尚贤尚同、民主政治的作风，生产节约、消费分配的理论，防御非攻、抵抗侵略的计策等，是一部百科全书式的不朽之作，是人类文化的瑰宝。

墨子生前对自己为之奋斗终生的事业、自己的学说非常自信，他曾经说："天下无人，则墨子之言犹在！"他的意思是说，只要有人类存在，他的思想就会存在。

《墨子》书影

墨子死后，他的弟子分为三大派别，为弘扬墨学而继续努力。

吴 起

一、少年波折

孩子们,我们今天讲的这个人,名字叫吴起。他是我们中国历史上一位有名的军事家和政治家。他的一生历尽曲折,成就很大。但是,他却死得很惨。他所做的事情,经常受到别人称赞,也经常受人指责。他是一个事业成功,却结局悲惨的人。

吴起是卫国人。他小的时候,不爱学习,经常和一些坏孩子一起,打架斗殴,斗鸡赌博,是一个远近闻名的无赖。吴起的爸爸是一个商人,死后给吴起留下一些家产,很快都被吴起赌博输掉了,最后贫穷得无法生活。

有一天,几个人欺负吴起,骂他是败家子,吴起非常愤怒,就把骂他的人杀死了。他杀了人,害怕官府抓他,就想逃走,临逃走的时候,他咬破胳膊,对着母亲发誓说:"我吴起以后要是做不了大官,就不回卫国来见母亲。"

二、拜师学艺

吴起逃到鲁国,就发誓再不干偷鸡摸狗的事了,他想要好好学习。于是,他就拜孔子的弟子曾参(zēng shēn)为老师。

吴起开始认真学习,他天资聪颖,出口成章,很受老师喜爱。有一次,齐国出使鲁国的大夫田居来拜望曾参,曾参就把自己得意的学生吴起叫来,陪同田居。吴起侃(kǎn)侃而谈,很有见识,田居就认为吴起将来必定能成大器,就把自己的女儿嫁给了吴起。

吴起跟随曾参学了几年,有一天,曾参询问吴起家里的情况,才知道吴起的老母亲还活着。

曾参很吃惊,问:"这么多年,你为什么不回家看望母亲?"

吴起说:"我逃出来的时候,曾经对着母亲发誓,做不了大官就不回家"。

曾参非常生气,指责吴起说:"你可以和别人发誓,怎么能和自己的母亲发誓呢?你几年不看望母亲,能心安理得吗?"

曾参是孔子的弟子,最重视对父母孝顺,他听了吴起的话,从此就不喜欢吴起了。

吴起,选自《清刻历代画像传》

过了一段时间,有人从卫国来,告诉吴起说,吴起的母亲去世了。吴起大哭了几声,擦干眼泪,又开始读书。这件事让曾参无法容忍,他斥责吴起说:"母亲死了不去奔丧,是忘记了做人的根本。河流源头没有水,就会干涸(hé)。树木没有根就会枯死,人如果忘记父母,就没有好结果。"

于是,曾参将吴起赶出门外。

吴起被老师赶出去了,他并没有因此消沉,而是又去拜教兵法的老师。经过三年的刻苦学习,终于学满毕业了。

吴起学习兵法,有自己独到的见解,很快就出了名,大家都说他的才能可以和齐国的孙膑(bìn)相比。

三、杀妻拜将

鲁国宰相公仪休听说吴起很有才华,就把他推荐给鲁穆公姬显,姬显就任命吴起做了大夫。

这一年,齐国宰相田和,带领军队来攻打鲁国。齐军进入鲁国境内,但是鲁穆公姬显却拿不定主意派谁带兵去抵抗齐军。

公仪休对姬显说:"要打退齐国军队,除非吴起,再没有第二个人了。"

姬显说:"我也觉得吴起能带兵,可是,吴起的妻子是齐国人,而且他的妻子是田和的本家,吴起和他的妻子毕竟有感情,让他带兵,他会不会在战场上偏向齐军,甚至投降呢?"

公仪休也觉得鲁穆公说得对,他就把鲁穆公的话告诉了吴起。吴起说:"我有办法,很容易就能让鲁穆公打消疑虑。"

吴起回到家,问妻子说:"人为什么要娶妻呢?"

妻子回答说:"丈夫在外做事,妻子在家持家,一个家庭才能建立起来。"

吴起又说:"如果一个人能做上高官,享受国家优厚的待遇,他的功劳被记载在史书里,名留千古,家业巨大,这是不是他的妻子希望他做到的呢?"

妻子回答:"是的"。

吴起说:"既然这样,我求你办一件事情,你应该帮我。"

妻子说:"我一个女人,能帮你什么忙呢?"

吴起说:"齐国军队攻打鲁国,鲁国国君想任命我为大将,但是因为你是齐国田和的亲戚,所以国君怀疑我会徇（xùn）私情。如果我现在就把你的头割下来去见鲁君，鲁君一定不会再怀疑我，将会封我为大将，我不就功成名就了吗？"

吴起的妻子听完这些话，吓得站立不住，正要开口求情，就被吴起一剑砍下脑袋。

吴起提着妻子的头去见鲁穆公姬显，说自己杀死妻子是为了报答鲁国，请求姬显任命他为将军。姬显见吴起竟然杀了自己的妻子，心中对吴起非常反感。但是，大敌当前，他只好任命吴起做了大将军。

四、牛刀初试

鲁穆公姬显任命吴起当大将军，任命泄柳和申详为副将，共同带兵，抵抗齐军。

吴起担任将军之后，同士兵同吃同住，同甘共苦，白天行军从不骑马，和士兵一起步行；夜晚睡觉也不睡床，和士兵一起睡在地上，他还帮着士兵扛武器。

有一个士兵身上得了疮，化了脓，吴起就用嘴帮士兵把脓吸出来。这个士兵的母亲听说了这件事,就放声大哭。有人问她说:"你儿子得了病,将军亲自给他吸脓疮,你怎么还哭呢?"

士兵的母亲回答说:"过去,我儿子的爸爸得了疮,就是吴起亲自给他吸脓,后来,我儿子的爸爸上战场就为他卖命,绝不逃跑,最后战死在战场上。今天,吴起又给我儿子吸脓,看来我儿子也活不长了。"

田和率领齐国大军,长驱直入进入鲁国境内,听说鲁国任用吴起为大将,就嘲笑说:"鲁国用的是没有名气的人,怎么能打胜仗呢?"

齐军和鲁军两军相遇,各自扎营。田和暗中派人去鲁国军营中侦察,侦察的人回来报告说,吴起与鲁国士兵席地而坐,吃一样的饭。

田和又嘲笑说:"这个吴起不懂领兵,将军一定要威严,士兵才能敬畏他,士兵敬畏才能英勇杀敌。吴起不懂尊贵与卑贱的区别,是不可能带好军队的,我再也不用担心他了。"

田和又派大将张丑,以和鲁国讲和为名,进入吴起军营，察看情况。吴起将精锐士兵隐藏起来，让老弱病残的士兵站在外面。

吴起恭恭敬敬地迎接张丑。

张丑说："听说你杀掉自己的妻子，当上了大将军，有这回事没有？"

吴起假装很害怕，战战兢兢地说："我在圣人门下学习，怎么能干出这样的事情来呢？我妻子是因病而死的，与我拜将的时间正好巧合，所以外面才会有那样的谣言。"

张丑说："将军如果还能想起你妻子田氏是齐国人，就应该和齐国结盟。"

吴起说："我是一介书生，怎么敢同齐国交战呢？如果能够和齐国讲和结盟，正是我的心愿"。

吴起留张丑在军中停留了三天，天天喝酒吃肉，闭口不谈打仗的事。

张丑回去的时候，吴起就命令军队，分成三路，跟随在张丑后面。张丑回到齐国兵营，给田和汇报说，鲁国士兵都是老弱病残，不必在意。于是，田和就放松了警惕。

当天夜里，吴起突然率领大军杀进齐国兵营，田和毫无防备，士兵顿时乱作一团。齐军被鲁军打得狼狈不堪，仓皇逃回齐国。由于吴起打了胜仗，战功卓著，被鲁穆公封为上卿。

田和叹息说："吴起用兵诡诈多端，同司马穰（ráng）苴（jū）、孙武差不多。如果鲁国长期任用此人，那么齐国就不得安宁了"。

于是，田和同张丑商量用反间计。田和买了两个美女，又拿出许多黄金，让张丑化妆成商人，来到鲁国，将美人和黄金送给吴起。吴起本来就贪财好色，就收了美女和黄金。张丑故意把这件事泄露出去。这件事传到宫中，鲁穆公姬显听了非常生气，他派人去抓吴起治罪，吴起得到消息，吓得逃到魏国去了。

五、镇守西河

吴起从鲁国逃到魏国，去拜见魏国的上卿翟（zhái）璜（huáng），翟璜早就听说过吴起的大名，他让吴起住在自己家里。这时候，正巧魏国从秦国占领了黄河以西大片地方，需要派人镇守。魏文侯魏斯让翟璜为他推荐西河太守的人选，翟璜就推荐了吴起。

魏斯召见吴起，对吴起说："你是鲁国有功劳的大将，为何屈尊来到我国呢？"

吴起回答说："鲁国国君听信别人说我的坏话，不信任我，所以我死里逃生来投奔魏国。我听说您能礼贤下士，天下的豪杰都愿意来投奔您，我愿意在您的马前为您牵马，如果用得着我，即使肝脑涂地，我也心甘情愿。"

魏斯见吴起说得真诚，就任用吴起当了西河太守。

吴起到了西河，他和在鲁国时一样，爱惜士兵，并且抓紧训练兵马，加固防守工事。西河本来是秦国的领土，被魏国侵占，秦军随时都有可能进攻，收复西河。吴起为了抗击秦军，他又在西河的边境上修建了城池，并命名为"吴城"。

这时候，秦惠公死了，他的儿子们为争夺权利，互相残杀。吴起乘秦国内乱，抓住战机，带兵进攻秦国，占领了秦国在黄河以西的五座城池。吴起的名气在各诸侯国迅速传扬,魏国也开始威震天下。各诸侯国都派人前来祝贺。

魏文侯魏斯死后,他的儿子魏击继位,历史上称为魏武侯。

一次,魏武侯魏击来西河视察,吴起陪他乘船巡视。魏击对吴起说:"这样美丽的地方,又有黄河屏障,真是魏国的宝地啊!"

吴起回答说:"国家

吮卒病疽,
选自(清)马骀绘《历代名将画谱》

的防御是不是坚固,并不在山川大河,而在于国君的品德。过去,被大舜帝流放的三苗,左边有洞庭湖,右边有鄱(pó)阳湖,由于道德败坏,还是被流放了。夏朝的夏桀当国王的时候,左边有黄河和济河,右边有泰山和华山,南有伊(yī)阙(què)这样的天险,北边有羊肠山这样的屏障,由于道德败坏,还是被商汤放逐了。商纣的时候,左有孟门山，右有太行山，南有黄河，北有常山。由于没有道德，最后还是被周武王杀掉了。所以治国在修德，如不修德，国必灭亡。"

魏击对吴起的观点大加赞赏。

过了一段时间，魏击任命从齐国避难来的田文做了宰相，吴起自认为功劳很大，却没有当上宰相，就跑来找田文，质问田文说："你没有我的功劳大，也没有我带兵的本领强，你凭什么当宰相呢？"

田文说："我虽然没有你带兵的本事大，却会安定人心。"

吴起没有话说，就退出去了。

又过了几年，田文离开了魏国，公叔痤（cuó）接任田文，当上了魏国宰相。因为吴起功劳大，公叔痤对吴起很害怕，他就想办法陷害吴起。

公叔痤建议魏击把公主嫁给吴起，并说吴起如果想留在魏国，必定愿意娶公主为妻，如果不愿意，那就说明吴起想离开魏国，投奔敌国。

魏击轻信公叔痤的话，答应把公主嫁给吴起。公叔痤就利用公主和吴起见面的机会，设法激怒公主。吴起见公主脾气很坏，不愿意娶公主为妻。魏击就怀疑吴起要离开魏国，投奔敌国。

吴起预见到魏击要杀自己，他又逃出魏国，投奔楚国去了。

六、楚国改革

吴起来到楚国。这时候楚国一片混乱，贵族之间矛盾重重，斗争不断。楚国国力也非常弱小，北面受赵、韩、魏三个国家的侵略，西北受秦国的威胁。楚悼王熊疑非常着急，正在寻找能治理国家，让楚国强大的人才，吴起正好逃难来了。

熊疑见到吴起，十分高兴，马上对吴起委以重任。他先任命吴起当了宛城太守，一年后升为楚国的宰相，楚国当时把宰相称作令尹（yǐn）。

吴起针对楚国的情况，制定了大胆的改革方案，经过吴起改革，楚国国力强大，向南攻打百越，将楚国国土扩展了几千里。

后来，楚国出兵援助赵国，吴起带兵与魏军大战，打败了强大的魏军，楚国重振昔日的威风，让各个诸侯国都闻风丧胆。

但是，吴起的改革伤害了楚国贵族的利益，引起贵族的怨恨，也为自己埋下了杀身之祸。

过了几年，楚悼王熊疑去世，楚国贵族趁机发动兵变，攻打吴起。贵族们用箭射伤吴起，吴起拔出身上的箭，逃到熊疑的尸体前，他将箭插在熊疑的尸体上，大喊："群臣叛乱，谋害我王。"

贵族们乱箭射死了吴起，同时也射中了楚悼王熊疑的尸体。按楚国法律的规定，伤害国王的尸体属于重罪，会被诛灭三族。诛灭三族就是把罪犯的父亲、母亲、妻子的家人都杀掉。

熊疑的儿子楚肃王熊臧继位后，就下令把射死吴起同时也射中熊疑尸体的人，以及他们的亲人全部处死，受牵连被杀掉的有七十多家人。吴起的尸体也被处以车裂之刑。车裂之刑就是把绳子拴在人的头和四肢上，用五匹马拉绳子,把罪犯的尸体,拉得四分五裂。

七、著名战将

吴起是中国历史上著名的战将,他很会打仗,他一生带兵与别的国家大战七十六场,取胜六十四场,其余都打了平手。他写的军事著作《吴子兵法》是我们国家古代最重要的军事著作之一。

吴起也是著名的政治家,他不管在鲁国、魏国,还是在楚国,提出的改革方案都能让国家变得强大。

但是,吴起一生贪图功劳和地位,贪图荣华富贵,杀害自己的妻子,换取自己的成功。而且争强好胜,不懂得谦虚礼让。所以,不管走到哪个国家,都会被别人猜疑嫉恨,最后,被残忍杀害。

吴起的一生是悲剧和喜剧交织,赞扬和斥责并存的一生。

秦孝公和商鞅

一、继承父业

秦孝公姓嬴,赵氏,名叫做渠梁。

赵渠梁的爸爸是秦献公赵连。赵连小的时候,正遇上秦国动乱,他为了躲避灾祸,逃到魏国。这时候,魏国刚刚从晋国分离出来,非常强大。魏文侯魏斯任用李悝(kuī)进行改革,推行法制,使魏国国富兵强。魏斯又任用战将吴起镇守黄河以西。吴起发动战争,夺取秦国许多土地和城镇。秦国由于混乱,国力弱小,只能忍气吞声。

赵连后来从魏国回到秦国,当上国君。他是一个很能干的人,他学习魏国,进行改革,而且还想收复被魏国占领的土地。他几次带兵打过黄河,都取得了胜利。但是,收复土地的愿望却没有实现。

后来秦献公赵连死了,他的儿子赵渠梁继位,历史上称为秦孝公。

赵渠梁当上秦国国君的时候,只有21岁,但是,他胸怀大志,一心要完成父亲秦献公的遗愿,让秦国强大起来,收复被魏国占领的土地。

二、颁令求贤

赵渠梁继位的时候,黄河以东有六大强国,齐国、楚国、魏国、燕国、韩国和赵国,形成六强并立的局面。秦国南面与楚国相连,东面与魏国相接,西面和游牧民族西戎交界,几个强敌把秦国夹在中间。各个诸侯国都不把秦国放在眼里,认为秦国就像蛮夷国家一样弱小,不堪一击。秦国被别的国家看不起,也不参加其他国家的会盟,闭关锁国,过自己的日子。

赵渠梁继位后,就想恢复他的祖先,春秋霸主秦穆公的霸业，使秦国强大起来，他到处招募能帮助他成功的人才，颁布了著名的"求贤令"，号召大家给他推荐有本事的人。他说："如果有人能推荐优秀的人才，就奖赏给官职，分给土地。"

三、商鞅入秦

商鞅姓姬，公孙氏，所以叫做公孙鞅。他是卫国国君的后代，又叫做卫鞅。因为他后来被秦孝公封在商地，所以又叫做商鞅，或者尊称为商君。

公孙鞅少年的时候，聪明好学，他喜欢学习法家的思想，特别崇拜魏国的李悝和吴起，于是，他从卫国来到魏国学习，他的老师兼好友，是当时著名的思想家尸佼（jiǎo）。

公孙鞅来到魏国后，投奔魏国宰相公叔痤（cuó），公叔痤见他很有才能，就让他当了自己的侍从官，官名叫做"中庶子"。

公叔痤治理魏国，带兵作战，都带着公孙鞅。公孙鞅替公叔痤出谋划策，出了许多好主意。他的才能很让公叔痤佩服。

后来，公叔痤得病了，他在临死的时候，向魏惠王魏䓨（yīng）说："公孙鞅虽然年轻，但是很有才能，我死后他可以担任宰相治理国家。如果您不想任用他，就一定要把他杀掉，不要让他投奔到别的国家，他如果到了别的国家，就会成为魏国最强大的敌人。"

魏䓨见公叔痤病得很重，神志不清，认为公叔痤的话是病重乱说的，就没有放在心上。

魏䓨走后，公孙鞅来看望公叔痤，公叔痤就告诉公孙鞅说："我推荐你接我的班，当宰相，魏王没有答应。我就建议魏王杀死你，你赶快逃走吧。"

公孙鞅说："魏王既不会听你的话，让我当宰相，也不会听你的话杀我。我不用逃走。"

公叔痤死后，公孙鞅没有立即离开魏国。过了一段时间，他听说秦孝公赵渠梁发布了"求贤令"，招募人才，他就向西投奔了秦国。

四、三试秦公

公孙鞅来到秦国，通过大臣景监的推荐，见到了秦孝公赵渠梁。

公孙鞅为了试探赵渠梁的真实想法，看看他对秦国变法有多大决心。

第一次见面，公孙鞅给赵渠梁提出，秦国要想强大，就要学习古人，实行"帝道"。"帝道"就是国君要无为而治，靠自己的良好品德，影响朝中大臣，尽量让他们去做事，国君也不要干涉国家政治和经济，让人民自由生产和发展。

赵渠梁觉得，"帝道"根本不符合秦国的实际情况，因为秦国当时已经非常混乱，贵族手中占有大量土地，而人民的耕地却很少。"无为而治"根本不能让贵族让出手中的耕地，秦国依然富裕不起来。

赵渠梁听着公孙鞅讲"帝道"，他认为是老生常谈，不感兴趣，他竟然眯着眼睛睡着了。

第二次，公孙鞅又求见赵渠梁。赵渠梁问他："先生还有没有好的建议？"

公孙鞅就告诉赵渠梁，秦国要想变强，就必须实行"王道"，就是国君要靠"道德"和"仁爱"治理国家，影响百姓。让百姓都相亲相爱，建成一个和谐社会。

赵渠梁听着也不感兴趣。赵渠梁想，秦国国家混乱，人民很久都不亲近。而且秦国国力弱小，时刻面临被敌人消灭的危险，实行王道需要很长的时间才能见效。所以，赵渠梁对公孙鞅的话一点兴趣都没有。

公孙鞅离开后，赵渠梁对景监说："你推荐来的人是个疯子，满嘴胡说八道。"

景监被赵渠梁训斥，就埋怨公孙鞅，不该给国君讲些没用的建议。公孙鞅说，下一次，我一定把自己的真实想法告诉赵渠梁。

又过了五天，景监再一次请求赵渠梁召见公孙鞅。赵渠梁勉强答应了，说："最后再见他一次，如果再没有什么新鲜的主张，就让他赶快滚出秦国去"。

这一次见面，公孙鞅把自己真实的主张讲给秦孝公。

公孙鞅说，秦国要想发展壮大，收复失地，最后消灭六国，就必须实行"霸道"，用法家的办法治理国家。

赵渠梁对公孙鞅的主张非常感兴趣，两个人谈了三天三夜。开始，赵渠梁还坐在高台子上，后来，被公孙鞅的话吸引住了，就搬着座榻坐到公孙鞅跟前来了。

公孙鞅把自己的建议和计划整个说了一遍，赵渠梁最后说，行"帝道"和"王道"，要等待太久，他没有这个耐心，人人都想名扬天下，我怎么能默默地等十几年甚至几十年呢？行"霸道"能及时看到国家富强，这才合他的意思。

于是，秦孝公开始任用公孙鞅进行变法，实行"霸道"。

五、舌战贵族

秦孝公打算在秦国变法。所谓变法，就是改变过去的许多法律和制度，重新建立新的法律和制度。但是，过去的法律和制度，代表着许多贵族和大臣的利益，所以，秦孝公很担心贵族和大臣反对，于是，他就召集大臣和贵族商量这件事。

贵族代表甘龙、杜挚（zhì）反对变法。他们认为，学习古代不会有过错，遵守古代礼法不会走邪路。变法可能会引起社会的动荡。如果变法带来的好处没有超过现在实际收益的百倍，就不足以弥补动荡带来的损害，那么就不应该变法。

公孙鞅反驳他们说：“以前的朝代，制度法律各不相同，应该去学习哪个朝代的法律呢？古代帝王的制度都不相互继承，有什么制度可以模仿呢？”

公孙鞅接着说：“治理国家，不一定要用一样的法律制度，必须根据自己的实际情况而定。过去，商汤、周武王就因为不守旧尊古，才建立了新的朝代。而殷纣王灭亡，就是因为不懂得根据时代变化而改变。要根据国家的具体情况，改变旧法，根据时代的需要建立新法，这才是正确的。”

公孙鞅的话，让甘龙和杜挚哑口无言。

六、立木取信

公元前359年,秦孝公任命公孙鞅在秦国开始变法。秦国颁布了变法的法令。奖励农民种田,打击商人经营,减少贵族耕地和特权。让贵族参加生产劳动,国家根据土地面积收税。

新法颁布之后,老百姓都不相信,公孙鞅就想了一个主意。他先叫人在都城南门,立了一根三丈高的木头,下令说:"谁能把这根木头扛到北门去,就奖赏十两金子。"

不一会,南门口围了一大堆人,大家议论纷纷。有的人说:"这根木头谁都拿得动,哪儿用得着十两赏金?"

有的人说:"这大概是公孙鞅成心开玩笑吧。"

大伙你瞧我我瞧他,就是没有一个人上去扛木头的。

公孙鞅知道老百姓不信任他,就把赏金提高到五十两,但是,仍然没有人去扛。

就在大伙议论纷纷的时候,人群中跑出来一个人说:"我来试试。"他说着扛起木头就走,一直扛到北门。公孙鞅立刻派人赏给他五十两金子。

　　这件事立刻传开了,一下子轰动了秦国。老百姓都说,公孙鞅说话算数,可以相信他。

　　接着,公孙鞅又颁布命令,改革户籍制度,实行"什伍连坐法",就是五人为一伍,设伍长;二伍为一什,设什长。把老百姓按照军队的编制组织起来,实行军事化管理。如果有一人犯法,其他人都要治罪。实行这种方法是让大家互相监督,互相举报。别人犯罪不告发就要腰斩,告发的人就像在战场上杀敌一样受到奖赏。

　　法令把贵族世世代代享受的特权取消了,打仗立功的人,就能成为新的贵族。

　　新法颁布一年后,许多人还是认为新法实行不了,都持怀疑态度。这时

城门立木,
选自明刊本《新镌绣像列国志》

候，秦孝公赵渠梁的儿子赵驷触犯了新法。赵驷是太子，按过去的法律，太子是不能被判刑的。公孙鞅就对赵渠梁说："新法不能顺利推行，就是因为上层的人根本不把它当回事。所以，必须惩罚太子。但是，太子是未来的国君，没法行刑。根据连坐的法律规定，可以处罚太子的老师。"于是，太子的两位老师赵虔和公孙贾（gǔ）被割掉鼻子，并给脸上刺上字。赵虔是赵渠梁的大哥，敢对国君的哥哥动刑，在秦国引起了轰动。

秦国人知道了这件事，就再不敢触犯新法了。

七、迁都咸阳

秦国过去的国都在栎（yuè）阳，贵族和王族都居住在那里，干扰变法，为了摆脱旧贵族对国君的控制，秦孝公就命令公孙鞅在渭河北岸，修筑新的国都。新的国都北依九嵕（zōng）山，南临渭河，根据山南水北都是阳面的说法，取名为"咸阳"。

咸阳往东可以直通函谷关，有利于秦国往东发展，逼近六国，争霸天下。

公元前350年，公孙鞅亲自设计，参照鲁国、卫国的国都规模，修筑城阙宫廷。一年后，秦国国都从栎阳迁至咸阳。咸阳后来成为中国第一个统一国家的首都。

这一年，秦孝公赵渠梁又命公孙鞅进行第二次变法。其中最主要的内容有"废井田，开阡陌"。

"井田"制是周朝的土地制度，就是把土地分成像"井"字那样的小块，周围的土地由农民耕种，中间的土地归贵族所有，由农民代替贵族耕种。

每个农民长大成人，就会分到一块土地，但是，等他死了，土地就会被国家收回，重新分配。因为农民没有属于自己的土地，他们在井田里，都不愿意投资修建水利，也不好好耕种，所以，土地收成很低。

公孙鞅变法，就是要废除井田制，允许土地归私人所有，而且可以子孙继承。这样，农民为自己耕种，积极性就更大了，粮食产量提高了，国家就能收到更多的赋税。赋税就是田赋和税收的总称。田赋就是农民要交给国家的粮食。

"阡陌"就是田地的地界，不同人耕种的土地，用地界分开，南北走向的地界叫做"阡"，东西走向的地界，叫做"陌"。"开阡陌"就是把地界打开，土地不再归贵族所有，谁有能力耕种就归谁所有，允许土地自由买卖。

公孙鞅这些变法措施，让没有土地的农民靠自己的辛勤劳动，就能获得土地。秦国农民劳动的积极性提高了，粮食增产，秦国开始丰衣足食，国力变得强大起来。

八、奖励军功

公孙鞅还改变了秦国的爵位制度。他把秦国的爵位，分为二十个等级，根据士兵在战场上杀敌的人数，奖给爵位，同时还奖给田地和住宅。秦国的士兵只要杀死敌人一个军官，就可以获得一级爵位，同时获得田地一百亩，住宅一处和仆人一个。杀敌越多，获得的爵位就越高。

赵渠梁和公孙鞅利用奖励战功的办法，鼓励士兵英勇杀敌。士兵为了满足自己的欲望，就变得残忍，打仗不怕牺牲，非常勇敢。秦国的军队战斗力迅速提升了。

九、秦国争霸

秦国变法后，粮食增产，军队战斗力增强。就开始实现收复失地，称霸诸侯的梦想。

公元前354年，秦孝公和公孙鞅利用魏国攻打赵国的机会，出兵攻打魏国，打败了魏国河西守军，并占领少梁。公孙鞅作为战场主将，在战争中显示了他杰出的军事及外交才能。

此后，魏国再次进攻赵国，攻占赵国国都邯郸，赵成侯赵种赶忙向齐国、楚国求救。齐国、楚国都派出援军。齐国由田忌和军事家孙膑率领的军队在桂陵打败魏军主力。楚宣王熊良夫也派大将景舍率兵救援赵国。秦孝公赵渠梁和公孙鞅趁魏国国内空虚，由公孙鞅亲自率领军队，进攻魏国，占领了魏国旧都安邑，公孙鞅还率兵包围并占领固阳。

后来，公孙鞅率领秦军，在西鄙之战中，打败魏军，俘虏了魏国公子魏卬（áng），魏惠王魏䓨只好把河西之地还给秦国，魏䓨叹气说："后悔当年没听公叔痤的话，杀了公孙鞅。"

公孙鞅因为功劳很大，赵渠梁就把商地十五座城池封给他，从此，公孙鞅就称为商鞅，尊称商君。

十、凄惨辞世

公元前338年，秦孝公赵渠梁去世，年仅43岁。太子赵驷即位，历史上称为秦惠王。

赵驷因为曾经受过商鞅的处罚，一直对商鞅怀恨在心，同时受到处罚的赵虔等人，就诬告商鞅谋反，赵驷就下令逮捕商鞅。

商鞅想逃出秦国，他跑到边境，想要住宿，旅店的主人告诉他，商君有令，客人必须要有身份凭证，否则不能入住。他只好离开，住在野外。

商鞅想回到魏国去，但魏国因为他曾经打败过魏军，而且俘虏了公子魏卬，拒绝他进入魏国边境。商鞅只好逃回自己的封地商地。秦惠王赵驷派兵追来，商鞅带领家兵守城，最后战败被杀，他的尸体被带回咸阳，处以车裂之刑。赵驷还下令杀了商鞅的全部家人。

商鞅虽然被杀了，但是，商鞅制定的新法却没有被废除，秦国因之而强大起来，为以后消灭六国，统一天下奠定了基础。

十一、千秋功罪

商鞅变法，打击了贵族势力，破除了旧的土地制度，奖励军功，使国家变得强大。他主张"明法"，就是要国家积极宣传法律条文，让百姓都知法懂法，根据法律条令来执行。而且他还敢于对王族行刑，使新法得到彻底贯彻执行。

但是，商鞅变法，鼓励和刺激了人民的欲望。连坐制使秦国诬告成风。奖励军功让秦国军队嗜杀成性，秦军在作战中，大多将俘虏杀死，割掉头颅，非常野蛮。商鞅还主张国君要对手下和人民耍弄权术，使秦国政治越来越黑暗。秦国最后虽然统一六国，但是，也在短时间里灭亡了。

孟 子

一、孟母三迁

孟子,姓姬,孟氏,名叫轲,字叫做子舆。他的祖先本来是鲁国人,后来迁到了邹国。

据说孟轲的父亲叫做孟激,在孟轲三岁的时候,孟激就去世了。只留下孟轲和他的母亲,艰难度日。

孟轲的母亲姓仉(zhǎng,"掌"的古代写法),但是因为她是孟轲的妈妈,所以,历史上都把她称为孟母。

孟母带着年幼的儿子,她一心要把孟轲培养成知书达理,有出息有作为的人。

但是,孟轲小时候却不爱读书。一开始,他们住在墓

孟母择邻，民国初年杨柳青年画

地旁边。孟轲就和邻居的孩子一起到墓地玩耍，看见别人家安葬去世的人，他们就学人家跪拜、哭嚎。孟母就皱起眉头说："我不能让我的孩子住在这里了！孩子在这里，就学哭丧，将来还不成了一个主持丧葬的人，哪能有什么出息呀？"

孟母就把家搬到城镇里。但是，她新租的房子在集市边上，孟轲就和邻居家的孩子，学起商人做生意，边吆喝边假装卖货收钱。孟母看见了，心里又想："这个地方也不适合我的孩子居住！我不愿意让他将来成为一个唯利是图的商人。"

孟母又搬家了,但是,新搬的地方,靠近屠宰场,孟轲又学起屠夫宰猪杀羊来。孟母就再次搬家,这一次,他们搬到了一所学校附近。孟轲就模仿先生教书和学生读书的样子,孟母见了非常高兴,说:"这才是我们应该住的地方呀!"

二、孟母断机

孟母三迁以后,虽然为儿子的学习创造了良好的环境,但孟母并没有放松对儿子的管教。她认为,如果一个人不勤奋努力,还是难成大事。所以她抓紧对孟轲的教育,督促他勤奋学习。

孟轲年龄大一点了,就到学校去上学。有一次,还没到放学的时间,孟轲就回家了。

孟母正在织布,看见孟轲提前回来,就问孟轲:"你正在上学,怎么回来了?"

孟轲低着头支支吾吾回答:"我自己做主回来的"。

孟母见孟轲逃学，非常生气，她把织布机上的梭（suō）子折断了，梭子断了就没有办法再织布。孟轲见母亲生气，非常害怕，赶忙跪在地上，求母亲不要生气。

孟母说："你学习知识，就像我织布一样，怎么能半途而废呢？一根根丝线积累起来才能织成一寸布，一寸一寸布积累起来才能织成一尺布，好多尺布凑在一起才能织成一匹布，才能为人所用，成为有用之才。你学知识，道理也一样，必须天天积累，才能长进，你现在放弃，就前功尽弃了。我折断织布用的梭子就像你放弃学习一样，都是十分可惜的。你要好好珍惜，不可放弃。"

孟母教子图，（清）康寿绘

孟轲听了母亲的话，满面羞愧地说："我记住母亲的教诲，以后再也不会半途而废了"。

从此孟轲学习更加勤奋了。

三、学习儒学

孟轲年轻的时候，拜儒学大师子思为师，子思是孔子的孙子，名字叫孔汲（jí），他的字叫子思。他是一位学问渊博的先生。孟轲跟随子思，刻苦学习了儒家的经典著作，最后，形成了自己独特的思想，成为中国在孔子之后，又一位伟大的思想家。

孩子们，思想家就是对于天地宇宙和人类社会有独特见解的人。他们的思想，会对人类社会发生深刻的影响。他们可以开启人民的智慧，指明人民前进的方向。他们的思想经过几百年甚至上千年地传播，对一代一代人和人类社会发生重大的影响。我们中国古代的老子、孔子、孟子就是这样的伟大思想家。西方的亚里士多德、柏拉图也是伟大的思想家。

伟大的思想家都有一个共同的特点，就是他们非常热爱人民，他们的思想，都是站在人民的立场上，为人民说话，为人民着想，他们的思想才有意义。否则，只为统治者和有钱有势的人说话，那他就够不上一个思想家，而是统治者的奴才。

孟轲说："民为贵，社稷次之，君为轻。"意思是说，人民最尊贵，最重要，其次是国家，再下来才是国君。孟子认为国君应以爱护人民为先，要保障人民的权利。孟子说："如果国君很坏，人民就有权推翻他。"

孟轲在学习之后，他也像孔子一样，开始周游列国，他想把自己的思想，告诉天下的统治者，让他们用仁爱的思想，治理国家，通过爱惜人民，达到国家强盛，最后实现"王道"。但是，孟轲和孔子一样，也不被各个国家的国君接受，最后，只能回到故乡，开办学校，培养学生。

孟轲在周游列国的过程中，提出很多好的思想和主张，也发生过许多精彩的故事。他的主张和故事都记载在《孟子》这部书里。我们在下面选几段孟子的精彩名言和故事，讲给大家。这些名言，大家如果能记住，一辈子都会受益。

四、始作俑者，其无后乎

有一次孟子和梁惠王谈论治国的方法。梁惠王也就是魏惠王，名叫魏䓨。魏国因为国都迁到梁，所以也叫梁国。

孟子问梁惠王魏䓨（yīng）说："用木棍打死人和用刀子杀死人，有什么不同？"

梁惠王回答说："同样是杀人，没有什么不同。"

孟子又问："用刀子杀死人和因为国家政策不好害死人有什么不同？"

梁惠王说："也没有什么不同。"

孟子说："大王，你的厨房里放着肥肉，马厩里拴着肥壮的马，你却舍不得把粮食分给百姓吃。老百姓面黄肌瘦，野外躺着饿死的人。你这就等于带领着野兽来吃人啊！大王想想，野兽互相攻击残杀，都让人厌恶，那么国君带着野兽来吃人，怎么能算好国君呢？孔子曾经说过，

'始作俑者,其无后乎?'。他是说首先开始用陶俑陪葬的人,他应该断子绝孙,没有后代的吧?您看,用人形的陶佣来殉葬,孔子都认为不应该,又怎么可以让老百姓活活饿死呢?"

后来,"始作俑者,其无后乎"成为一句成语,比喻第一个做某种坏事的人,应该受到上天的惩罚。

五、五十步笑百步

有一次,孟子见到梁惠王魏罃(yīng)。

梁惠王说:"我治理国家,真的很认真。黄河北岸粮食收成不好,遭了饥荒,我就把那里的百姓迁到黄河以东,同时把黄河以东的粮食运到黄河以北,黄河以东遭了饥荒,我也这样办。我考察别的国家,没有哪个国家像我这样用心。但是,邻国的百姓并没有减少,我的百姓并没有增加,这是为什么呢?"

孟子回答说:"大王喜欢打仗,那我就用打仗作个比喻。两军在战场相遇,战鼓敲得咚咚地响,士兵互相厮杀，武器刀剑相交撞击，这时候，有人害怕了，扔掉盔甲拖着武器逃跑。有的人跑了一百步停下，有的人跑了五十步停下。跑了五十步的人，嘲笑那些跑了一百步的人。大王，你觉得对不对？"

梁惠王说："那当然不对。跑五十步和一百步一样，都是逃跑呀！"

孟子

孟子说："大王如果懂得这个道理，那就不要希望自己的百姓比邻国多了。不耽误农业生产，在种地和收获的季节，不要干扰人民生产，粮食就会吃不完。很密的渔网不随便在河里捕鱼，不要连小鱼小鳖都打捞上来吃掉，鱼鳖就会吃不完。斧子不要在树木生长的季节进山砍伐，木材就会用不完。粮食和鱼鳖吃不完，木材用不完，这样就使百姓能够供养老人和孩子而没有什么遗憾，百姓没有遗憾，大王就可以称霸天下了。

五亩大的宅园,在里面种上桑树,养上蚕,五十岁以上的人就可以有丝绸穿了。不要耽误鸡、猪、狗等家禽家畜的饲养季节,七十岁以上的老人就有肉吃了。一百亩的耕地,不要耽误生产季节,几口人的家庭就不会挨饿了。

认认真真办好学校,教育孩子们要孝敬父母、敬爱兄长,路上就不会有头发花白的老人背着很重的东西吃力地行走了。七十岁的人穿丝绸吃美食,普通百姓不挨饿受冻,国家达到这样的地步,却不能统一天下而称王,是不曾有过的事。

今天,富贵人家让猪狗吃人吃的粮食,而国君不知道加以管教。路上有饿死的人,却不知道打开粮仓救济灾民。老百姓饿死了,却说'这不是我的罪过,是年景不好造成的'。这种说法和拿着刀子杀人,却说'杀人的不是我,是刀子',有什么不同?大王不要怪罪年景不好,那么,天下的老百姓就会前来归顺了。"

孟子在这里告诉梁惠王,你虽然说你认真治理国家,却不懂得爱护百姓,耽误了百姓生产的季节,不知道救济贫困百姓。你就像在战场上逃跑五十步的人,嘲笑逃跑一百步的人一样。

"五十步笑百步"后来也成了一句成语,比喻那些自身也失败了,却去嘲笑别人的人。又用来比喻做某种事情,虽然程度不同,但本质相同。

这段故事里,我们能看到孟子热爱人民的思想,也体现出孟子巧妙的辩论技巧和高超的论辩水平。

六、一曝十寒

有一年,孟子来到齐国,见到齐宣王田辟疆。他告诫齐宣王,一定要爱护人民,关心百姓,认真治理国家。但是,孟子一离开齐国,齐宣王就忘了孟子的话,孟子对齐宣王做事没有恒心很不满。

孟子对齐宣王说:"大王,你做事也太不明智了。天下虽有生命力很强的植物,'一日曝(pù)之,十日寒之'。你把它在阳光下晒一天,又放在阴暗寒冷的地方冻十天,它怎么能活呢?我跟大王在一起,大王就有了一点从善的决心,可是我一离开你,那些奸臣又来哄骗你,你又会听信他们的话，叫我怎么办呢？"

孟子接着说："比如学习下棋，看起来是件小事，但如果你不专心，也同样学不好。过去，奕秋是全国下棋最好的人，他教了两个徒弟，其中一个专心致志，处处听奕秋的指导，下棋的水平提高得很快；而另一个却老是盼着天上有天鹅飞过来，准备用箭射天鹅，所以，下棋的水平总是提不高。两个徒弟是一个师傅教的，一起学的，然而成绩却差得很远。这不是因为他们的智力不同，而是专心的程度不一样啊！"

孟子在这里讲了一个十分重要的道理，对我们每个人都有教育意义，我们学习的时候，一定要专心致志。不能"一曝十寒"。那样，什么也学不会。

七、王顾左右而言他

齐宣王田辟疆治理齐国，比较混乱。孟子就想劝他认真治理国家。

有一次，孟子对齐宣王说："有一个人，因为要到遥远的楚国去，把老婆孩子托付给他的朋友，请他给以照顾。但是，等他回来的时候，才知道他的老婆孩子一直在挨饿受冻，那位朋友根本没有尽到责任。你说对这种朋友该怎么办？"

齐宣王答道："和他绝交！"

孟子又说："有一个当官的，负责管理法律，但是却连他自己的部下都管不了。你说这该怎么办？"

齐宣王说："那就撤他的职！"

孟子接着说："一个国家，管理混乱，人民不能安居乐业。你说这又该怎么办？"

齐宣王看看自己左右的大臣，故意把话题扯到别的地方去了。

"王顾左右而言他"这个成语，比喻故意躲避，不正面回答问题。

八、不以规矩，不成方圆

孟子曾经说："即使有离娄那样好的视力，公输班那样好的技巧，如果不用圆规和尺子，也不能准确地画出方形和圆形来。"

离娄是轩辕黄帝时期一个人的名字，据说他的视力非常好，可以看得很远。公输班是天下有名的巧匠。但是，不管你眼力和技术有多好，没有圆规和尺子，也画不出标准的圆和方来。孟子告诉人们，做任何事，一定要有规矩，也就是要有制度和纪律。我们现在常说的成语"无规矩不成方圆"，就是来自孟子的这句话。

九、有为有不为

孟子说："人有不为也，而后可以有为"。他的意思是说，人有些事情不能做，然后才能做好一些事。这是孟子的至理名言。

人活在世界上，时间和精力是有限的，但是世界上可以做，可以学的事情太多了，人不可能样样都学，样样都做。什么都想学，什么都想做的人，往往什么都学不好，做不好。所以我们应该学会选择和放弃，人的时间和精力有限，只有放弃学一些东西，放弃做一些事情，才能专心致志地学好自己感兴趣的知识，做好自己擅长的工作，这样才能有所作为，成就一番事业。

所以说，我们要记住孟子的话，选择重要的事情去学，去做才能成为一个人才。

孟子的这句话，还含有更深的意思。一个人，要懂得哪些事情应该做，哪些事情不应该做，要有判断是非的标准和远见，才能立于不败之地。

十、进锐退速

孟子说："其进锐者，其退速"。这是一句充满哲理的话，孟子告诉我们，做任何事情，前进得太快，后退得也会迅速。来得太快，走得也最早。

这句话符合大自然的运行规律，狂风暴雨不会持久，海潮高涨就会迅速退去，开得越早的花，枯萎得也最早。

我们做人也一样，要学会平均使用力量和智慧，万米跑步不能一开始就用百米冲刺的速度，否则，迅速就会落后，所以，必须持之以恒地坚持。

那些没有成绩就被提拔的人，会遭人反感和嫉妒，有的迅速下台，有的甚至沦为阶下囚。

所以，人生要学会坚持，不要盲目追求速度，不能要求一次就达到目的，必须持久坚持，才能取得最后的成功。

孔子说："欲速则不达"，也是这个意思。

十一、仁者高位

孟子说："惟仁者宜在高位。不仁而在高位，是播其恶于众也。"

孟子这句话的意思是说，只有道德高尚、有仁爱之心的人，才应该去担任领导干部。如果道德品质低下，没有仁爱之心的人担任领导，他就会把他的罪恶行为传播给人民群众，影响社会风气。

孟子这句话，讲的就是人的品德和政治之间的关系。一个好人当了官，他就会关心人民，实行仁政；相反，一个坏人当了官，他就会贪污受贿，欺男霸女。他的所作所为，就会被人民模仿，使社会风气变坏。所以，坏人是一切罪恶的根源，坏人当官，就会让天下都变坏。

十二、舍生取义

孟子说："鱼，我所欲也，熊掌，亦我所欲也；二者不可得兼，舍鱼而取熊掌者也。生，亦我所欲也，义，亦我所欲也；二者不可得兼，舍生而取义者也。"

这段话的意思是说："鱼是我想要的东西，熊掌也是我想要的东西，这两样东西不能同时得到，我就舍弃鱼而选熊掌。生命是我想要的，正义也是我想要的，如果这两样东西不能够同时得到，那么我宁愿舍弃生命而选择正义"。

在这一段话中，孟子用鱼和熊掌作比喻，告诉我们做人要坚持正义，为了坚持正义，可以连生命也在所不惜。孟子这句话，对我们中国人有深刻的影响，许多英雄人物，为了国家和人民的利益，舍生取义，牺牲了自己宝贵的生命，成为我们民族的英雄。

十三、老老幼幼

孟子说："老吾老，以及人之老；幼吾幼，以及人之幼"。

孟子这句话是一句充满仁爱之心的名言，我们都应该记住。他的意思是说："尊敬自己的老人，也要尊敬别人的老人；爱护自己的孩子，也要爱护别人家的孩子。"

十四、生于忧患，死于安乐

孟子说："舜发于畎（quǎn）亩之中，傅（fù）说（yuè）举于版筑之间，胶（jiāo）鬲（gé）举于鱼盐之中，管夷吾举于士，孙叔敖举于海，百里奚举于市。

"故天将降大任于斯人也，必先苦其心志，劳其筋骨，饿其体肤，空乏其身，行拂乱其所为，所以动心忍性，曾（zēng）益其所不能。

"人恒过，然后能改；困于心，衡于虑，而后作；征于色，发于声，而后喻。入则无法家拂(bì)士，出则无敌国外患者，国恒亡。

"然后知生于忧患而死于安乐也。"

这段话，翻译成今天的语言，就是："大舜帝是从耕地的农夫中被选拔出来被起用，商朝的大臣傅说是从泥瓦匠中被选拔出来起用，商纣王的大臣胶鬲是从鱼盐贩子中被选拔出来起用，齐桓公的宰相管仲是从监狱里释放出来，并加以任用的，楚国大臣孙叔敖是从海边的渔夫中被提拔上来的，秦国大臣百里奚是从奴隶中解救出来，加以重用的。所以说，上天将要让一个人承担重大的责任，必定要先使他的内心忍受痛苦，使他的筋骨经受劳累，使他忍饥挨饿，面貌消瘦；使他忍受贫穷之苦，让他所做的事情都不如意，使他的内心受到震撼，使他的性格坚韧起来，以增长他原来所没有的才能。一个人犯过错误，才会有教训，才能改正，不会再犯错；一个人内心困惑，思虑不清，然后才能认真思考，才知道有所作为；别人把愤怒显露在脸色上，表现在言语中，然后你才能知道。在国内没有执法的大臣和足以辅佐君主的贤士，在国外没有与之相抗衡的国家和外患的侵扰，国家就常常会自己走向灭亡。这样，就可以知道忧虑祸患能使人生存发展，而安逸享乐会使人走向灭亡的道理了"。

《孟子》书影

孟子这段话，告诉我们一个深刻的道理，一个人要想成为一个有所作为的人，就必须忍受痛苦，经受辛劳，最后才能成功。一个国家如果没有对手，就会只知道享乐，最后必然灭亡。相反，如果有忧患意识，居安思危，国家才能长久生存。

十五、尊为亚圣

孟子精彩的语言和故事很多，我们今天只是讲了极少的一部分。

孟子在历史上被尊为"亚圣",就是仅次于孔子的第二个圣人。他的思想对我们中国人有深刻的影响,对世界文化,也有重大影响。

孟子活到84岁,因病逝世,安葬在今天山东省邹城市区里。

庄　子

一、热爱自由

　　庄子, 姓子, 庄氏, 名叫周, 字子休。他是战国时代宋国人。是我们国家著名的思想家、哲学家和文学家。他和老子一样, 都是道家学派的重要代表人物之一。
　　庄子的祖先是宋国贵族, 但是, 他自己却一生热爱自由, 喜欢研究学问, 不愿意去做官, 他年轻的时候, 只在宋国一个叫漆园的地方当过小官吏。
　　庄子一生游历过很多国家, 对当时的各种学问都进行研究和分析。楚威王熊商听说他的学问很大, 就派人带着礼物去请他做宰相。

楚威王派来的人见到庄子，说明楚威王的想法，没想到庄子笑着说："你带着厚礼来请我去做宰相，重礼是好东西，宰相是尊贵的官位。谁不想得到呢？伹是，你看见过国君养的用来祭祀的牛了吗？把牛喂养好几年，然后用它做祭品，给它披上绣着花纹的锦绣，牵到祭祀祖先的太庙去杀掉。到了这个时候，这头牛就是想做个普通的小猪，不要被杀掉，也办不到了。请你赶快走开，不要侮辱我。我宁愿像乌龟一样在泥塘里自寻快乐，也不愿受国君的约束，我一辈子不做官，让我永远自由快乐。"

庄子一辈子生活在民间，不去做官，他写了很多著作，汇编在一起，就是《庄子》这部书。

庄子，选自《历代名臣像解》

二、崇尚道德

我们国家的儒家崇尚"仁义",道家崇尚"道德"。"仁义"和"道德"共同构成我们中国人的价值体系。

庄子继承了老子的思想,是最推崇道德的。在庄子看来,"道"就是天道,是大自然运行的规律。人类顺从大自然的规律,就是"德"。大自然是和谐运行的,所以,人要像大自然一样,活得自由自在。不能违背人的天性去做事。

庄子说:"无以人灭天,无以故灭命,无以得殉(xùn)名,谨守而勿失,是谓反其真。"他的意思是说,不要为了人的需要去毁灭天然,不要为了世俗的事情去毁灭人的性命,不要为了贪图虚名去牺牲生命,谨慎遵守大自然本来的规律,而不迷失,这就是返归本真。

孩子们,庄子的思想有些抽象,只有不断地去体会,才能领悟。庄子很有才华,他的文章文字鲜活生动,比喻丰富多彩,富有哲理,是我们国家最伟大的作家之一。

我们重点讲《庄子》一书中的精彩寓言故事。

三、庄周梦蝶

庄子曾经做了一个梦,梦见自己变成了一只蝴蝶,他在空中飞舞,感到非常愉快,非常舒畅。在梦中,他已经完全忘记了自己是庄子,感到自己就是一只蝴蝶。

醒来后,庄子想:"不知是我梦中变成了蝴蝶呢?还是蝴蝶梦中变成我呢?不知是我走进蝴蝶的梦里?还是蝴蝶走进了我的梦里?不知我是蝴蝶?还是蝴蝶是我?"

庄周梦蝶,(元)刘贯道绘

庄子说，我与蝴蝶，是不一样的，但是，我却在梦中变成了蝴蝶，这可以叫作事物和我之间的交流与变化。

庄子的这个故事，非常美，充满诗意的浪漫，也包含着庄子的哲学思想，需要我们慢慢领悟。

这个故事后来发展成几十种成语，有"庄周梦蝶、庄周化蝶、蝶化庄生、蝴蝶梦、蝶梦、梦蝴蝶"等。

四、邯郸学步

《庄子》这部书中讲了这样一个故事：战国时期，一个燕国的年轻人，听说赵国的国都邯（hán）郸（dān），有人会跳一种叫做"踮（diǎn）屣（xǐ）"的舞蹈，他就跑到邯郸去学，没想到，舞蹈没学会，却忘了自己原来走路的姿势，最后只好爬回去了。

这个故事就是成语"邯郸学步"的来历，也写作"学步邯郸"。比喻一味地模仿别人，不仅学不到本事，反而把自己原来的能力也丢了。

五、鹏程万里，扶摇直上

《庄子》一书中，讲了这样一则寓言："北海里有一种鱼，名叫鲲（kūn）。鲲非常巨大，不知道有几千里长。鲲变化成鸟，名叫做鹏。鹏也非常大，它的脊背不知道有几千里长；当它飞起来的时候，翅膀就好像挂在天边的云彩。鹏在大风吹动海水的时候，就要飞到南方的大海去。《齐谐》这本书上记载：'鹏往南方的大海飞翔的时候，翅膀拍打水面，能激起三千里的浪涛，环绕着扶摇旋风飞上了九万里的高空，乘着六月的风离开了北海。'"

成语"鹏程万里"和"扶摇直上"就出自这个故事，"鹏程万里"比喻一个人前途远大；"扶摇直上"形容上升很快，也比喻当官升得很快。

六、庖丁解牛

有一个厨师给文惠王杀牛。厨师手所接触的地方，肩膀所倚靠的地方,脚所踩的地方,膝盖所顶的地方,都发出"哗哗"的声音,他把刀插入牛身体的时候,就发出"豁豁"的声音,这些声音都非常有节奏,合乎商汤时期《桑林》舞乐的节拍,又合乎尧帝时《经首》乐曲的节奏。

文惠王说:"哈哈,好啊!你杀牛的技术怎么会高超到这种程度呢?"

厨师放下刀回答说:"我所追求的,是按照事物的特点来做事,这就叫做道,已经超过一般的技术了。我开始学杀牛的时候,眼里看到的都是一头完整的牛。学了三年以后,眼里看到的已经不是完整的牛了。现在,我凭思想和牛接触,而不用眼睛去看,我的眼睛停止了,而思想在活动。我按照牛的结构,把刀插入牛筋骨相接的缝隙,顺着缝隙,运动我的刀子,我的刀子都不去碰牛相连的筋脉,更不去碰牛的骨头。技术好的厨师每年更换一把刀,是用刀割断筋肉;一般的厨师每月就得更换一把刀,是用刀砍断骨头。而我的刀用了十九年了,所杀的牛有几千头,但刀刃锋利就像刚从磨刀石上磨出来的一样。牛的骨节有间隙,而刀刃很薄,用很薄的刀刃插入有空隙的骨节,有足够的余地。因此,十九年来,我的刀刃还像刚从磨刀石上磨出来的一样。虽然是这样,每当碰到牛筋骨交错的地方,我觉得很难下刀,就小心翼翼地提高警惕,视力集中到一点,动作缓慢下来,动刀非常轻,呼啦一声,牛的骨和肉一下子就分开了,就像泥土散落在地上一样。我提着刀站起来,举目四望,悠然自得,心满意足,然后把刀擦干净,收藏起来。"

文惠王说:"好啊!我听了厨师的这番话,懂得了养生的道理了。"

《庖丁解牛》这段语言,包含着深刻的道理,他告诉我们,做什么事情,都必须根据这件事的特点,顺着事物的规律来做,就会做得非常精彩,事半功倍。

这则寓言后来衍生出许多成语,有"庖丁解牛""官止神行""迎刃而解""游刃有余""切中肯綮(qìng)""批郤(xì)导窾(kuǎn)""得心应手""踌躇满志""目无全牛""善刀而藏""新硎(xíng)初试"等。

七、呆若木鸡

纪渻(shěng)子为齐王训练斗鸡。

过了十天,齐王问:"斗鸡训练好了吗?"

纪渻子回答说:"没有,这只鸡还骄傲得意,盛气不减。"

又过了十天,齐王又问斗鸡训练好没有。

纪渻子回答:"还没有,这只鸡听到有动静,看到有东西就会有反应。"

又过十天,齐王再问。

纪渻子回答说:"还是不行。这只鸡看着别的鸡,依然气势汹汹"。

再过十天,齐王又问。

纪渻子说:"快训练好了。这只鸡虽然听见别的鸡叫,已经不做出反应了。"

齐王去看那只鸡,就像木头雕刻的一样,但是,它的精神和力量全都凝聚在体内。

齐王带着这只鸡去斗,别的鸡没有敢应战的,看见它就转身逃走了。

庄子的这则寓言故事,告诉我们,外表的强大,往往不一定真的有力量。只有把自己的力量和智慧凝聚在内心,才是最强的。但是,现在的成语"呆若木鸡"却是指呆头呆脑的样子,已经和原来的意思不同了。

八、东施效颦

春秋时代,越国有一位美女叫西施。西施患有心口疼的毛病。

有一天,美女西施心口疼的病又犯了,她就用手捂着心口,紧皱着眉头,一副楚楚可怜的样子,满村的人都很爱怜她,同情她。

西施,
选自(清)马骀绘《美人百态画谱》

和她同村的一个叫做东施的丑女,看见西施的样子,认为很美,她也学着西施的样子,捂住胸口,皱起眉头。村里的有钱人见了她的怪模样,就赶紧关起大门,穷人看见那个丑样子,就拉着妻子和儿女躲起来。

丑女东施只看到了西施皱眉时很美,但是却不知道为什么很美。

这则寓言故事告诉我们,不要盲目地去模仿别人,不根据自己的情况,盲目模仿,结果会适得其反,成为别人的笑柄。

九、捉襟见肘

孔子的弟子曾参隐居在卫国,他不愿意做官,也不愿意和有权有势的人交往,每天过着逍遥自在的生活。

庄子说曾子:"十年不制衣,正冠而缨绝,捉襟而肘见,纳履而踵(zhǒng)决。"他的意思是说,曾子十年没做过新衣服,正一正帽子,帽子上的缨就断了;拉一下衣襟,胳膊肘就露出来了;提一下鞋子,鞋子的后跟就破了。

虽然如此穷困，但曾子并不因此而忧愁，他时常拖着破鞋，高唱《诗经》中的《商颂》。他声音洪亮，在天地之间回响，好像是从金石制作的乐器中发出的声音一样。

就这样，曾子过着自由自在的生活，国君没办法让他做臣子，诸侯不能和他交朋友。

庄子说，一个人注重培养自己的内心世界，就会忘掉自己的外貌，注重修养自己的品德，就会忘记功名和利禄，而致力于修炼大道的人会忘掉自己心中的算计。

成语"捉襟见肘"已经不是原来的意思了，比喻能力和财产不够，顾此失彼，穷于应付。

十、朝三暮四

有一个宋国人，很喜欢猕猴，就养了一大群猕猴，他能懂得猕猴的心意，猕猴也能了解他的心思。

这个宋国人为了养猕猴，减少了他们全家人吃饭的口粮。但是不久，家里还是缺乏食物了。他想要限制猕猴吃橡子的数量，但又怕猕猴生气，不听自己的话。他就先骗猕猴说:"我给你们的橡子,每只猴早上三颗,晚上四颗,这样行吗?"猕猴一听很生气,全都跳了起来。过了一会儿,他又说:"我给你们的橡子,早上四颗,晚上三颗,这样够吗?"猕猴们听后都很开心。

这则寓言告诉人们,要善于透过现象看清本质,因为无论形式有多少种,本质只有一种。不要像猴子一样,被形式上的变化欺骗了。后来"朝三暮四"作为一个成语,比喻人的行为反复无常,和"朝秦暮楚"混为一谈了。

十一、鼓盆而歌

庄子的妻子死了,他的朋友惠施前去吊唁,安慰庄子。

惠施看见庄子坐在妻子的棺材旁,两腿张开,手拍着瓦盆伴奏,放声歌唱。

惠施说:"你妻子同你生活多年,为你生儿育女,老了,死了,你不哭也行,可你,竟然敲盆唱歌。你不感到做得太过分了吗?"

庄子说:"你说错了。我也是人啊,哪能不悲伤?但我想起从前,她未出生的时候,这个世界上本来就没有她,后来她出生了,生命经历了种种苦难,又变成死亡。回顾她的一生,我联想到春、夏、秋、冬四季的变化,多么相似呀!现在她即将从我家的小房子里,迁到天地大屋里居住,坦然安卧。我不唱歌欢送,反而哭泣,那就太不懂得生命的原理了。这样一想,我便节哀,敲盆唱起歌来。"

敲碎瓦盆不在鼓,伊是何人我是谁?
中国古代版画

庄子对生命的得失看得很透彻,讲得很有哲理。

十二、庄子陪葬

庄子83岁的时候,快要死了,他的学生想用很多好东西给他做陪葬。

庄子说:"我以天地为棺材,以时间为连璧,星辰为珍珠,万物作为我的陪葬品。我陪葬的东西难道还不够多吗?哪里还用加上这些世俗的东西?"

学生说:"我担心乌鸦、老鹰吃您的遗体。"

庄子说:"在地面上会被乌鸦、老鹰吃,埋在地下会被蚂蚁吃,夺走乌鸦和老鹰的食物,再交给蚂蚁,这是多么偏心啊。"

庄子死后,他的学生把他安葬在老子墓附近。

《庄子》这部书中还有许多精彩的故事和智慧,是需要认真品读和理解的。

孙膑与庞涓

一、同窗好友

孙膑(bìn)是齐国人,是曾经帮助吴王阖闾建立霸业的军事家孙武的后代。妫姓,孙氏。名叫伯灵。因为他曾经受过"膑"刑,后世都把他叫做孙膑,他的本名,却很少有人知道。

庞涓是魏国人,姬姓,庞氏,名叫涓。

孙膑和庞涓在少年时期,一同拜号称"鬼谷子"的王诩(xǔ)学习用兵打仗的方法。

王诩是当时天下有名的学问家,他不但精通兵法,也精通道家和纵横家的学问。他因为隐居在鬼谷山中而自称为鬼谷子。鬼谷山在现在的陕西省石泉县境内。

孙膑和庞涓都是鬼谷子的得意门生,两人学习刻苦,而且都非常聪明好学,都对兵法领悟深刻。但是,孙膑为人厚道,庞涓却急功近利。

他们一同跟随鬼谷子学习多年,后来,鬼谷子认为他们都已学业有成,就动员他们下山去施展才华。

这时候,魏惠王魏䓨,正在四处招募人才,庞涓听到消息,就让孙膑和他一起去投奔魏䓨。孙膑觉得自己学艺不精,还有许多学问要向老师请教,他就不愿意去投奔魏惠王。

最后,两人约定,只要庞涓在魏国有所作为,而且需要孙膑帮助的时候,孙膑一定前往。

于是,孙膑送庞涓下山前往魏国,两人洒泪而别。

二、庞涓拜将

庞涓来到魏国,此时,魏国大将吴起已经逃往楚国,魏国急需将帅之才。魏惠王魏䓨听说庞涓是名满天下的鬼谷子的学生，就召见了庞涓。

庞涓是一个十分聪明的人，他回答魏惠王的提问，机智得体，很得魏惠王的赏识。很快，魏惠王就派庞涓带兵，参与作战。

魏国当时有一支军队，叫做"魏武卒"，都是由训练有素的步兵组成，是大将吴起亲自训练出来的一支战无不胜的主力军。庞涓就带着这支军队，往北攻下赵国的国都邯郸，向西攻下秦国的定阳，并且打败赵国军队，向南攻占了楚国千里土地。

于是，魏惠王就封庞涓做了大将军，一时，庞涓成了威震天下的名将。

这时候，庞涓觉得应该按当初的约定，请孙膑来到自己身边，共同建功立业。

三、反目成仇

庞涓派人到鬼谷山中迎接孙膑。孙膑告别鬼谷子下山，来到魏国，去见庞涓。此后，庞涓和孙膑一起，辅佐魏惠王。

庞涓发现，自从自己下山后，孙膑在鬼谷山上又学到不少学问，对于兵法运用已经在自己之上。庞涓就觉得孙膑未来会成为自己最大的威胁。

在民间还传说有这样一则故事。有一次，魏惠王召集大臣们议论国事。完毕后，魏惠王突发奇想，想考考大臣们的智商。他就说："我现在坐在殿堂上，看看你们谁有办法让我从殿上走下来。"

一个武将突然喊道："蛇！大王您的背后有毒蛇，快跑！"

魏惠王听了，面不改色地说："你这个小诡计，怎么能骗到我呢？"这个武将只好无趣地退了下去。

这时，一个文官上来说："大王，外面花园里有一棵枯树开花了，而且是满树的金花，请您快去看看吧！"

魏惠王冷冷一笑，动也没动。

大臣们一个接一个，试了许多办法，魏惠王还是稳稳地坐在殿堂之上。

这时，庞涓说："我有一个办法，一定能让大王走下来。"

魏惠王道:"你有什么办法?"

庞涓说:"我去殿后放一把火,大王必定会走下来。"

魏惠王笑着说:"这个方法也太鲁莽了,不是个好办法!"。

庞涓只好低头沉默。

魏惠王看了一眼一直不动声色的孙膑,说道:"不知先生有什么妙计?"

孙膑装疯,
选自明刊本《新镌绣像列国志》

孙膑说:"大王,您已经打定主意不下来了,就是神仙也没有办法啊!"

魏惠王以为孙膑也无计可施,就得意地笑了。这时,只听孙膑又说道:"不过,要是您站在殿下,我倒是有办法让大王自己走上殿去。"

魏惠王说:"你既然说了,我倒要看看你有什么办法让我自己走上殿去。"

说完，魏惠王走下殿来。

当魏惠王刚一走到殿下，他马上明白了，自己中了孙膑之计，他哈哈大笑，说："还是先生技高一筹，足智多谋呀！"

魏惠王夸奖孙膑，让站在一旁的庞涓心生嫉妒。

此时，庞涓身为魏国大将军，统领魏军主力，他嫉妒孙膑的才能，觉得迟早有一天，孙膑会得到魏惠王重用，夺取自己的兵权。如果把孙膑赶出魏国，孙膑一旦投奔别的国家，受到重用，也会成为自己的劲敌。于是，庞涓决定陷害孙膑。

一天，有一个齐国商人来魏国做生意，巧遇孙膑。孙膑见这个人来自自己的故乡，就和这个商人交谈起来。此事正好被庞涓看见，他就私下派人抓住这个齐国商人，并且栽赃陷害，说这个商人是齐国间谍，来到魏国是为了和孙膑谋划进攻魏国的事情，并且让孙膑作为内应。

庞涓马上向魏惠王报告自己抓住了齐国间谍，齐国间谍交代出孙膑是内奸。魏惠王听了非常生气，就下令把孙膑关入监牢。

孙膑糊里糊涂被关押起来,他还托人找庞涓替自己申辩,没想到,过了几天,庞涓亲自带人来宣布孙膑是齐国间谍,而且判处膑刑。

膑刑就是砍掉人的膝盖,让人下肢瘫痪,无法站立行走。孙膑极力申辩,但是,没有人听。庞涓下令对孙膑行刑。孙膑双腿膝盖被砍掉,疼得昏死过去。

醒来后,孙膑才明白过来,是庞涓陷害自己,从此,二人成为死敌,不共戴天。

庞涓本来可以建议魏惠王判处孙膑死刑,但是,他还想得到孙膑学到的兵法。

他把孙膑关在一个院子里,让孙膑把自己所学兵法,都写出来。

孙膑痛苦万分,他对庞涓充满仇恨,就想着逃出魏国报仇雪恨的办法。

但是,庞涓手下的人天天看押着他,他无法自由地和外面联系。

后来,孙膑就假装自己精神失常,变疯了。他一天到晚躺在地上，满嘴疯话，胡言乱语，在地上捡起的小虫子也放在嘴里吃，甚至还吃自己的粪便。看守孙膑的人，把这些情况报告给庞涓。庞涓亲自来查看几次，都没有看出破绽，以为孙膑真的疯了。于是，就放松了对孙膑的看管。

有一天，孙膑竟然爬出门去，看守他的人正在打盹，没有看见。孙膑爬上大街，突然看见一辆插着齐国标志的车子跑过来。孙膑知道这是齐国使臣乘坐的车子，他就爬到道路中间，拦住车子。

齐国使臣突然看见一个残疾人拦住车子，急忙下马来看。孙膑就告诉他说，自己是齐国人，被人陷害，并且受了膑刑，希望齐国使臣带他回到齐国去。

齐国使臣正好要回国，他就把孙膑抬上车，藏在车厢里，逃回齐国去了。

四、田忌赛马

孙膑被使者带回齐国，齐国使者是齐国大将田忌的好朋友。他就把在魏国遇到孙膑的事情告诉了田忌。田忌听了觉得十分好奇,他就要求把孙膑送到自己家里来。

田忌和孙膑交谈,才知道孙膑非常有学问,田忌就把孙膑留在自己府中,派专门的人伺候着,他自己也每天去向孙膑讨教学问。

那时候,齐威王田因齐喜欢赛马,经常和自己的大臣王子们举行赛马比赛,而且,赛马都要下赌注。田忌经常参加,但是,几乎没有赢过。

有一天,田忌和手下的人牵着三匹马朝外走,正巧遇上孙膑。田忌就邀请孙膑和自己一起到赛马场观看赛马。

在路上,孙膑仔细观察了田忌的马,到达赛场之后,他又观察了齐威王的马。他对田忌说:"将军今天要加大赌注,肯定会赢。"

田忌半信半疑,但是他知道孙膑很有谋略,就按孙膑说的加大了赌注。

按照比赛规则,每次赛马都要进行三场,其中两次获胜的,就算胜利。

第一场,孙膑见齐威王一方牵出最好的马,他就让田忌用自己最差的马上场比赛，结果失败了。

田忌非常担心，他看看孙膑，只见孙膑镇定自若。

第二场，孙膑看见齐威王牵出了中等的马，孙膑就让田忌用自己最快的马参赛，结果，取胜了。

双方打成平手，只有最后一局决定胜负了。

这时候，齐威王只剩下最差的马了，而田忌还有一批中等的马，结果田忌自然是赢了。

田忌以二胜一负的成绩取得胜利。

齐威王感到很奇怪，总是失败的田忌今天竟然取胜了，他很好奇，就把田忌叫过去询问说："田忌，你今天得了什么高人指点，竟然取胜了？"

田忌不敢隐瞒，就把孙膑教给他的方法说了一遍。

齐威王很吃惊，齐国竟然有这样的能人？他就让田忌将孙膑带到王宫里。

齐威王和孙膑交谈，才知道孙膑是一代旷（kuàng）世奇才，孙膑不但懂得兵法，也懂得怎样治理国家。

最后，齐威王想任命孙膑做大将，孙膑以自己身有残疾为由推辞了，齐威王就任命孙膑做了军师，负责出谋划策。

五、围魏救赵

过了一年，庞涓率领"魏武卒"八万多人进攻赵国，很快包围了赵国国都邯郸。

赵国抵挡不住，就派人向齐国求救。

齐威王就拜田忌为大将，孙膑为军师，发兵八万，前去解救赵国。

田忌想直接带兵去邯郸和魏军交战，但是，孙膑不赞成这种作法。他说："如果我们带领齐国军队，长途跋涉几百里，等到达的时候，就会疲劳不堪，再硬碰硬地和魏军交战，即使能够获胜，我们也会遭到很大损失。不如趁着魏军主力部队在和赵国交战，魏国国内兵力不足，我们直接去攻打魏国的国都大梁，逼着庞涓回救大梁，这样，赵国邯郸之围自然就解除了。我们再在魏军回来的必经之地桂陵设下埋伏，等庞涓率领军队回救大梁的时候，再围歼他们。"

田忌觉得孙膑说得很对，就带领齐军直接去攻打大梁。

齐军到达大梁,魏王听到齐军来攻,赶快派人去邯郸,命令庞涓火速回来救援大梁。

这时候,庞涓带兵正在攻打邯郸,魏王派来传令的人到了,庞涓只好留少数兵力继续围困邯郸,自己亲自率领大军连夜赶回大梁。

当他们到达桂陵,就陷入齐军的包围。魏军长途行军,疲惫不堪。齐军以逸待劳,很快就把魏军打得落花流水。庞涓在逃跑的时候,被活捉了。

孙膑让士兵把庞涓押到营帐,庞涓看到孙膑,羞愧难当。田忌要杀死庞涓,孙膑却说:"我和庞涓的仇恨是个人的事情,两国交战是国家的事情。我不能利用国家交战

马陵伏弩(孙膑),
选自(清)马骀绘《历代名将画谱》

的机会来报自己的私仇。"

后来,魏国派来使臣求和,答应从邯郸撤军,还给齐国割让了不少土地。齐国和魏国重新结盟,庞涓也被放回魏国去了。

这就是历史上有名的"围魏救赵"和"桂陵之战"的故事。

六、马陵之战

桂陵之战,骄傲自负的庞涓战败了,他感到自己受到了莫大的侮辱,就抓紧时间,训练军队,等待机会报仇雪耻。

孙膑也知道庞涓不肯认输,他也和田忌一起,不断训练齐国军队,准备对付魏军的进攻。

一晃过了十年,庞涓出兵进攻韩国。这一次,庞涓率领的军队非常庞大,步兵十万,战车一千多辆,兵分三路浩浩荡荡向韩国逼近。

韩国弱小,见魏军势不可挡,向自己杀来,就赶忙派使臣向齐国求救。

齐威王田因齐召集群臣商讨对策。

有人主张不去救援,坐山观虎斗,有主张救援的,相互争执不下。

这时候,齐威王询问孙膑说:"军师有什么看法?"

孙膑说:"我以为,魏国以强凌弱,如果韩国被攻陷,肯定对齐国不利,因此我不赞成见死不救。但是,魏国现在锐气正盛。如果我们匆忙出兵,岂不是要代替韩军承受打击?"

齐威王说:"那么,依军师的意见怎么办好?"

孙膑说:"我看可以先答应韩国的请求。韩军知道我们出兵相救,必然全力以赴抵抗魏军。魏军经过和韩军的拼杀,战士会死伤不少,物资也会消耗不少。到那个时候,我们再发兵前去,攻击疲惫不堪的魏军,拯救韩国,就可以以最小的代价,取得最大的利益。"

齐威王十分赞赏孙膑的建议,当即采纳。

庞涓率领魏军进攻韩国,韩军英勇抵抗,双方激战一年多,魏军和韩军都损失惨重。这时候,齐威王派田忌和孙膑率领齐国大军，开赴战场。

于是，孙膑与庞涓又一次在战场相逢，开始了一场生死较量。

庞涓见齐国大军杀来，他就决定率领魏军主力，首先击败齐军。于是，魏军一路迎着齐军进发。

孙膑对田忌说："庞涓为人骄傲自大，仗着魏军骁（xiāo）勇善战，一定不把齐军放在眼里。我们就要利用他的特点，诱敌深入。"

庞涓带兵日夜兼程追击齐军。不料，齐军不肯交战，只要遇到魏军，就往后撤退。

魏军随后紧追不放。

齐军逃跑后，庞涓就命令士兵，去齐军营地里数齐军做饭的灶台。第一天，齐军营地有十万人的灶台；第二天，还剩五万人的灶台；到第三天，只剩三万人的灶台了。

庞涓高兴地说："我早知道齐国士兵胆小如鼠，如今不到三天就逃跑了大半！"

于是，庞涓传令，留下笨重物资，集中精锐部队轻装前进，追赶齐军。庞涓不知道，孙膑正是利用减少灶台的方法麻痹庞涓，让庞涓觉得齐军胆小，很多人都逃走了。

孙膑得知庞涓精锐追击的消息，高兴地对众人说："庞涓的末日到了！"

这时，齐军正好来到一个叫马陵的地方。马陵处于两座高山之间，树多林密，山势险要，中间只有一条狭窄的小路可走，是一个伏击歼敌的好地方。

孙膑传令，用树木把马陵道一头堵塞，另一头开着等待魏军进来。孙膑还把路边的一棵大树刮去树皮，在上面写道："庞涓死于此树之下"几个大字。并命令一万弓箭手埋伏在两边密林中，吩咐他们，夜里只要看见树下出现火光，就一齐放箭。

傍晚，庞涓率领魏军追进马陵道，快要走出峡谷的时候，只见道路被树木堵塞。

庞涓下马察看，远远看见路旁一棵大树上隐约有字，就命人点起火把，他要仔细看看。

当庞涓举着火把来到大树前，看清树上的字时，大吃一惊，知道中了孙膑的计。他急令魏军后退，但是已经来不及了。埋伏在山林中的齐军，万箭齐发，猝不及防的魏军死伤无数,乱成一团。

庞涓被乱箭射伤,知道败局已定,就拔出佩剑自杀了。

齐军乘胜追杀,将魏军的后续部队一气打垮,连魏太子都给俘虏了。

七、著作兵法

孙膑接连打败强大的魏国,威名迅速传遍天下。马陵大捷之后,齐威王要给孙膑加官受爵,但孙膑不肯接

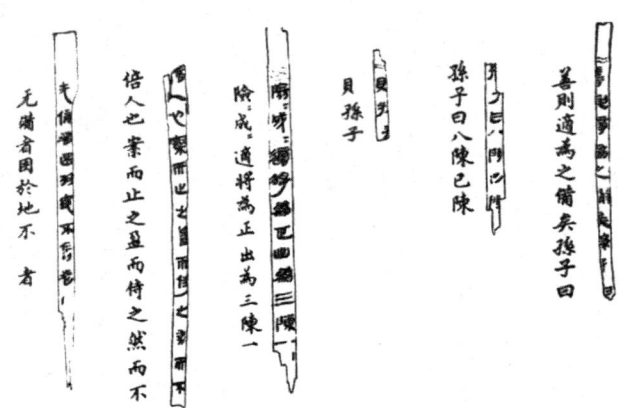

孙膑兵法,选自临沂汉简

受。此后，他辞去职务，归隐山林，开始编写著作。

　　孙膑写成了我们国家古代最重要的军事著作《孙膑兵法》，直到现在，《孙膑兵法》依然受到世界各国军事家的重视，成为重要的军事经典。

　　孙膑和庞涓本来是同学好友，两人都有很高的才能。但是，庞涓为人心胸狭隘，嫉妒别人的才华，而且用狠毒的手段对付自己的同学。最后，反倒被杀死在战场之上，落得身败名裂，被人耻笑的下场。孙膑为人善良大度，很有智慧，最后成为千百年来受人敬仰的武圣人。孩子们，做人要学习孙膑，不能学习庞涓。

荀　子

一、学者生涯

　　荀子是战国后期赵国人。荀氏，名叫况，字卿，荀子是对他的尊称。他是孔子、孟子之后，儒家影响最大的思想家、文学家和教育家。

　　在许多古书中，荀卿又被写为"孙（xùn）卿"，那是因为，西汉有一个皇帝叫刘询，因为"荀"和"询"字音相同，按照当时的规定，和皇帝名字相同的人，都不能再叫那个名字，这叫做"名讳"，所以，荀子后来被称为"孙卿"。

　　记叙荀子生平的书籍很少，我们没有办法知道他详细的故事，但是，通过《荀子》这部著作，我们可以大概知道他一生活动的简单概况。

荀子从小就非常聪明，十岁就善读《诗经》，被称为"神童"。他崇拜孔子，发奋苦读儒家经典，同时立志游历天下，增长见识。他年轻时游历了很多国家。到他五十多岁的时候，已经成为天下著名的学者了。他受到齐襄王田法章的邀请，前往齐国"稷下学宫"讲学。

稷下学宫是齐国创办的一个专门研究学问和政治的机构，因为地址在齐国国都临淄的稷门里，因而称为"稷下学宫"。

稷下学宫是当时最著名的学府，天下有名的学者都聚集在那里，学者人数最多的时候，有一千多人。诸子百家主要的代表人物都曾在这里讲解学问，编写著作。所以，到稷下学宫讲学，也是荀子最重要的理想。

荀子来到齐国，很受齐襄王田法章的尊敬，被加封"列大夫"的爵位。因为他是天下著名的学者，曾三度被推选为稷下学宫的"祭酒"，也就是代表大家给天神敬献美酒的人，很受各界学者尊敬。荀子在齐国三十多年，完成了他一生最重要的学术研究工作,创作了他伟大著作《荀子》中的主要部分。

荀子八十多岁的时候,因为一些人的嫉妒和诽谤,使齐王对他有些疏远。这时候,荀子受到楚国春申君黄歇的邀请,他就离开齐国,前往楚国。

黄歇仰慕荀子的美名和学问,请荀子担任兰陵县令,管辖兰陵周围百里土地。荀子就答应了。

但是,黄歇有一位门客却对黄歇说:"想当年,商汤只占有亳(bó)这个地方百里土地,周武王占有镐(hào)这个地方百里土地,最后,他们都在这里成就了大业,建立了王朝,成为国君最大的敌人。今天你给荀子一百里土地,他是天下有名的人,你不怕荀子在那里造反吗?"

黄歇感到门客说得有理,就辞退了荀子。荀子也懒得去解释,就离开了楚国。

荀子来到秦国,拜见了秦昭王赵则。这时候,赵则正在和范雎(jū)计划,用"远交近攻"的策略占领天下,对荀子讲的儒学没有兴趣,荀子只好离开秦国,回到赵国。

荀子离开楚国后,有人对黄歇说:"过去,伊尹离开夏都投靠商汤,帮助商汤消灭了夏朝;管仲离开鲁国去了齐国,帮助齐桓公建立了霸业。聪明的国君要懂得任用人才,像荀子这样伟大的人物,就不应该让他离开您而投奔到别的地方。"于是,黄歇就后悔自己不该失去荀子这样的人才,

黄歇就派人到赵国四次请荀子,最后,荀子又回到楚国当兰陵令。

范雎,选自《新镌绣像列国志》

后来春申君黄歇被杀,荀子也九十八岁了,就辞了官。他依然居住在兰陵,开始教书和撰写著作。荀子的学生中著名的有李斯和韩非。他们后来都成为法家的代表人物,影响了一个时代。

荀子写了三十二篇文章,这就是流传后世的儒家名著——《荀子》。

二、重视礼法

孟子主张性善,就是说人天生是善良的,只是后来受了各种社会环境的影响,才变坏的。而荀子主张性恶,就是说人生下来就是有缺点的。荀子认为,一个人生下来,眼睛就喜欢看漂亮的东西,耳朵就喜欢听好听的音乐,舌头就喜欢尝好的味道。爱吃、贪玩、好逸恶劳,这都是人的天性,所以人才有七情六欲。自私和贪婪是人的天性。

荀子认为,人的这些本性并不是不好,但是,如果顺着人的天性发展,必然会引起争夺和贪婪,这个世界便成为自私恐怖的世界了。

所以人们要想办法压抑这些本性,提倡礼让、仁爱等道德标准,否则就像刺猬一般挤在一起彼此伤害。所以他最重视"教育"和"礼乐",认为依靠教育和礼乐才能矫正人先天的坏习性,培养好品行。

《荀子》一书中有许多经典名言,对我们国家后来的文化有巨大影响,我们选一部分讲给大家听。

三、青出于蓝

《荀子·劝学》中写道:"青,取之于蓝而出于蓝;冰,水为之而寒于水。"

青,是指靛(diàn)青;蓝是指制作靛蓝染料的蓝草。青从蓝草中提炼出来,但颜色比蓝草更深;冰是水凝结而成,但比水更冷。荀子用青与蓝、冰与水的关系来比喻学生如果能用功研究学问,坚持不懈地努力,就可以比他的老师更有成就。由于荀子这几句话形象深刻,通俗易懂,便为后人所常用,比喻学生胜过老师、后人胜过前人。

四、锲而舍之

《荀子·劝学》中说:"锲而舍之,朽木不折;锲而不舍,金石可镂。"

这句话翻译成现代文就是:"雕刻的时候刻几下,就停止,即使是一块朽木也刻不断;可是要是不停地刻下去，就是金石也可以被刻空"。它说明一个人如果有了恒心和毅力，看起来很困难的事也能成功；如果不坚持，就是很容易的事情也办不成。

五、陋儒而已

《荀子》说："学杂志，顺《诗》《书》而已耳，则末世穷年，不免为陋儒而已"。

《荀子》这句话讲的是学习的最终目的是应用，如果盲目地学习一些杂乱的书籍，死记那些《诗》《书》的条文，对实际毫无用处，学一辈子，也不过是一个无知的腐儒而已。应用才是学习的最终目的，学的目的是为了行，也就是实践。否则的话，从耳朵里进去，又从嘴里出来，这种知识有什么用处呢？

许多人读书有一个很大的毛病，就是只会读死书死读书，过于迷信书本，对于需要动手去做的事情，却不屑一顾，养成了这样的习惯，那么到了解决实际问题上，就会束手无策了。

六、三省吾身

《荀子》中说:"故君子博学而日参省(xǐng)乎己,则知明而行无过矣"。

这句话的意思是说,君子虽然博学多才,但是还要每天反省自己,就能更加聪明有智慧,行为也就没有什么过错了。懂得及时反省,就能避免今后犯更大的错误。

七、道远行至

《荀子》这本书中说:"道虽迩,不行不至;事虽小,不为不成"。

他是说:"路虽然近,不走的话也不能到达目的地;事虽然小,不做的话也不能完成任务"。行动是解决一切问题的根本,光说不做的人,什么也干不成。

八、悍戆好斗

《荀子·大略》中说："蓝苴（chá）路作，似知而非。便弱易夺，似仁而非。悍戆（gàng）好斗，似勇而非。"

他的意思是说："一个人抢夺别人财物，好像很聪明实际很愚蠢；一个人很软弱，他的东西容易被人抢走，他也不计较，好像很仁慈，其实是骄纵别人犯罪，并不是真正的仁慈；一个人很凶狠鲁莽，喜欢和别人打架争斗，好像很勇敢，其实那并不是勇敢，而是没有修养。"

屈　原

一、石洞读书

孩子们，今天我们讲的是我们国家战国时代最伟大的诗人、政治家和外交家屈原。

屈原芈(mǐ)姓，屈氏，名叫平，字原。

屈原出生在楚国贵族家庭，他是楚武王熊通的儿子屈瑕的后代。他的爸爸叫屈伯庸。

传说，屈原出生在楚国最早的国都丹阳一个叫乐平里的地方。他从小就喜欢读书。现在在屈原的故乡还流传着屈原"石洞读书"和"巴山野老授经"的故事。

屈原少年时期，有一天，他到乐平里旁的一个山上去玩。他顺着一条小溪，一路往山上走，最后，不知不觉走到一个石洞前。石洞口并不大，屈原非常好奇，就钻进洞去。进洞一看，只见洞里非常大，洞壁上有各种各样石灰岩堆积的图案，就像石雕一样美丽，洞中的地面上，也有许多石灰岩形成的像竹笋一样的钟乳石。

屈原想："这真是一个神奇的地方，景观别致，幽静清凉，是一个读书的好地方。"

于是，屈原就每天来到石洞读书。

一天，突然有一个古怪的老人也来到洞中，只见这个老人头发很长，披在肩上，满脸皱纹，也看不出来到底有多大年龄。但是，老人很和善，他见屈原手里拿着书，就问屈原书中的内容，屈原就老老实实讲给老人听。老人听完，就笑了，他告诉屈原，书中的话应该怎样理解。屈原就虚心地跟随老人学习起来。

此后，每过一段时间，老人都会来到石洞中，给屈原讲课。老人学问很大，精通道家、儒家和法家的著作。屈原从老人那里，学习到许多学问。

屈原询问老人的名字，老人说："我是巴山中一个山野之人。"后来，人们就把老人称为"巴山野老"。

其实，"巴山野老"是一位在巴山隐居的高人。他不但教给屈原经典，还教给他楚国民间的诗歌、巫师在祭祀时吟诵的《巫风》和在安葬逝者时歌唱的《丧歌》，屈原对这些都非常感兴趣。这些民歌不但内容丰富多彩，耐人寻味，读起来也琅琅上口，优美动听，后来对屈原的诗歌创作产生了很大影响。

屈原，选自《历代名臣像解》

二、出任左徒

屈原在乐平里读书的时候，有一次，秦国军队进攻楚国，有一小队秦军进犯乐平里，屈原赶快号召伙伴们，抗击秦军，他们一起展开游击战，消灭了不少秦国士兵。在战斗中,屈原表现得非常机智勇敢。

后来,楚怀王熊槐听说屈原英勇抗击秦军的故事,就任命屈原做了鄂(è)渚(zhǔ)县的县丞。县丞就是帮助县令治理百姓的官,主管判案和监狱。

由于屈原在担任县丞的时候,辛勤工作,受到楚怀王熊槐的欣赏。

十年之后,楚怀王熊槐把屈原升为左徒。楚国人把丞相称为"令尹",把副丞相称为"左徒",主要负责议论国事、发布号令、接待来宾和外交事务。

屈原很有才华,他把政务处理得井井有条,深得楚怀王熊槐的信任。

那时候,楚、齐、燕、韩、赵、魏、秦七个国家,为了争夺土地和人民,不断混战。屈原见百姓遭遇战争,流离失所,十分痛心,就立志要尽自己的力量使国家强大,保护人民的安全,他劝熊槐要任用有才华有品德的人,爱护百姓,熊槐对他大加赞赏。

在七大强国中,秦国的力量最为强大,并且和魏国、韩国结成联盟,因为秦、韩、魏三个国家是东西方向,也叫作横向，所以，他们的联盟就叫做"连横"。屈原为了保卫楚国不受秦国侵略，就积极主张楚国与另一个大国齐国结盟，共同抵抗对付秦国，因为，楚国和齐国是南北方向，也称作纵向，所以，他们的联盟就叫做"合纵"。

楚怀王派屈原出使齐国，他年轻英俊，谈吐优雅，知识丰富，很得齐宣王田辟疆的赏识，齐宣王很快就答应与楚国建立联盟。楚、齐两国还一起出兵攻打秦国，夺取了秦国的土地曲沃。屈原亲自参加了对秦国的这次战争。

楚怀王熊槐对屈原更加信任，重要的大事都要和屈原商量。

屈原还主张实行变法，剥夺贵族土地，限制贵族权利，奖励农民种地，鼓励士兵杀敌。

屈原的变法和才能引起楚怀王的儿子熊子兰和大夫上官靳尚为首的贵族们的嫉妒，他们常常在楚怀王面前说屈原的坏话，说屈原骄傲自满，根本不把楚怀王放在眼里。

有一次，屈原负责起草国家法令，他还没有起草完，上官靳尚看见了，就想夺过去看，屈原不给他，两人争执起来。上官靳尚就跑去对楚怀王熊槐说:"大王,您让屈原起草法令,国家每发布一个命令,屈原都到处给人讲,'这要不是我屈原,谁能写得出来?'他四处夸耀,显示自己的本事,让大家都觉得大王您是多么无能。"

熊子兰也在楚怀王面前说屈原的坏话,挑拨的人多了,楚怀王对屈原也就不满意了,渐渐疏远了屈原。

秦国人也听说了屈原在楚国被排挤的消息。秦国宰相张仪就赶忙跑去见秦惠王赵驷。

张仪对赵驷讲,要想打败楚国。就必须拆散楚国和齐国的联盟,现在楚国内部正闹分裂,主张联盟的屈原被楚怀王疏远,这正是一个拆散楚齐联盟的好机会。

于是,秦惠王赵驷就准备了大量贵重的礼物,让张仪到楚国去破坏楚齐联盟。

三、流放汉北

张仪带着大量财宝,来到楚国。他首先拜见屈原,想劝屈原亲近秦国,遭到屈原的斥责,屈原说:"秦国是虎狼之国，凶狠而不讲信用，楚国不会相信你的话和秦国结盟，更不会违背楚齐两国结下的盟约。"他劝张仪赶快离开楚国，不要像没头的苍蝇，四处碰壁。

张仪见劝说不动屈原，就给屈原送去大量财宝，都被屈原丢出门去。

张仪又去拜见熊子兰，他先给熊子兰送上礼物，熊子兰见钱眼开，非常高兴。于是，张仪就对熊子兰说："公子您之所以在楚国得不到重用，就是因为屈原挡着您的路，只有赶走屈原，大王才会信任您。"

张仪的话正中熊子兰的下怀。熊子兰赶忙向张仪请教赶走屈原的方法。

张仪说："屈原主张楚国和齐国联盟，共同对付秦国，才得到大王的信任，如果拆散了联盟，大王就不会再信任屈原了。"

熊子兰听了，十分高兴。

接着，熊子兰又把张仪引荐给楚怀王最宠爱的妃子郑袖，张仪把一对价值万金的白璧，献给了郑袖。郑袖说，她一定帮助张仪拆散楚齐联盟，让秦楚两国结为兄弟联邦。

张仪又贿赂了楚国许多贵族,楚国许多贵族本来就怨恨屈原,他们就和张仪联合起来,陷害屈原。

熊子兰和郑袖劝楚怀王接见张仪,并且说:"屈原向张仪索要贿赂,因为张仪没有答应,屈原对张仪怀恨在心,大王如果要和秦国和好,屈原必然会反对。"

过了几天,楚怀王熊槐接见张仪,屈原和大臣们作陪,张仪对楚怀王说:"秦国和楚国山川相连,应该结为兄弟之邦,共同对付天下的敌人。如果楚国和秦国结盟,秦王答应把商和於(yū)这些地方的六百里土地献给楚国。"

楚怀王和大臣们听了非常高兴,都说楚国不费一兵一卒,就能得到六百里土地,真是天大的好事呀!

但是,屈原却坚决反对,屈原说:"秦国强大,秦王如狼似虎,不断进攻别的国家,占领别国土地。张仪是一个老奸巨猾之徒,到处摇唇鼓舌,挑拨离间。一旦楚齐同盟被破坏,秦国就会肆无忌惮(dàn)进攻楚国,怎么会白白送给楚国土地呢?"

楚怀王听了屈原的话,就认为屈原是因为没有得到张仪的贿赂,才反对秦楚联盟,他叱骂屈原说:"你就是一个十足的小人,就因为张仪没有给你送礼,你就反对秦楚两国和好,难道楚国的六百里土地,都没你索要的贿赂重要吗?"

屈原不明白楚怀王的话,愣愣地站着。楚怀王就命令士兵,把屈原赶出门去。

屈原是一个性格刚烈的人,他感到楚国面临极大的危险,他自己遭到极大的屈辱,他痛心极了,愣愣地站在宫门外,泪流满面,但又不忍心离开,他盼望着能再见到楚怀王,给楚怀王讲明利害,盼望着楚怀王能醒悟过来,改变主意。

屈原要求进宫面见楚怀王,但是,都被拒绝了。

屈原回到家中,担心国家存亡。他闷闷不乐,寝食难安,长吁短叹。

很长时间,他的姐姐芈女媭(xū)都开导他,让他放弃担忧国事,保重自己,但是,屈原都无法排解心中的郁闷。

不久，屈原被免去左徒职务，降为三闾大夫。

三闾大夫是管理楚国三个贵族家族屈、景、昭家谱、祭祀，负责教育三个家族年轻人的官职。

屈原担任三闾大夫后，依然每天担忧国家大事，他听说楚怀王彻底断绝了六国联盟，他感到楚国前途渺茫，岌（jí）岌可危。

屈原悲愤急了，一天，他流着眼泪，写出了千古传诵的伟大诗篇《离骚》，来抒发自己胸中的郁闷，表达自己的志向。

《离骚》是我们国家古代最伟大的政治抒情诗之一。诗中描写了屈原对未来道路和真理的探索与追求，表现了他高尚的人格和对国家的热爱，以及对结党营私的小人们的斥责。

这首诗大量的比喻和丰富的想像，表现出积极的浪漫主义精神，开创了中国文学上的"骚"体诗歌形式，对后代影响巨大。

屈原这首诗流传之后，上官靳尚、熊子兰这些人就诬告屈原用诗歌贬低楚怀王，楚怀王不分青红皂白，就下令撤了屈原的官职,流放到汉江以北去。

四、重回国都

屈原怀着悲伤的心情离开国都,但是,他的心始终挂念着楚国的命运。

楚怀王宣布,楚国和齐国断交。齐国对楚国出尔反尔的做法大为不满。

楚怀王接着派人跟着张仪去秦国接收六百里土地,他们走到秦国国都咸阳附近,张仪假装喝醉了酒,在下车时跌了一跤,他一面大声呻吟怪叫,一面告别了楚国使臣。张仪从此躲了起来,再也不肯和楚国使臣见面,一直躲了三个多月。

楚国使臣派人把情况汇报给楚怀王,楚怀王这时才发觉上当了,但是上官靳尚等人却说,张仪不肯再见楚国使臣,是因为嫌楚国和齐国断交不彻底。于是,楚怀王就派人到齐国辱骂齐王,彻底激怒了齐王。

这时候,张仪终于愿意接见楚国使臣,楚国使臣提出,让秦国交割六百里土地,张仪故意装作吃惊的样子说:"我说献给楚王的,是我自己的六里私地,秦国的土地怎么能随便献给人呢?"

楚国使臣顿时傻眼了,只得灰溜溜回到楚国,给楚怀王报告。楚怀王听了气得火冒三丈,他下令大将军屈丐带领大军,进攻秦国,结果秦军早有准备,把楚军打败了,大将军屈丐被斩首,楚国其他大将近八十人被杀,楚国士兵八万多人被杀死。楚国军队遭到重大损失。秦军又攻取楚国的汉中六百里土地,设置汉中郡。这时候,齐国也派兵攻打楚国。

屈原听到楚怀王被张仪戏弄,楚军大败的消息,感到非常伤心。此时,楚怀王也想起了当初反对轻信张仪的屈原,他派人赦免了屈原,并让屈原出使齐国,重新建立与齐国的联盟。

屈原来到齐国,求见齐宣王田辟疆。齐宣王对楚怀王违背联盟,并且辱骂自己的事十分愤恨。但是,齐宣王对屈原非常敬重,经过屈原苦苦劝说,齐宣王就答应重新和楚国和好,撤回进攻楚国的齐国军队。

就在屈原还在齐国的时候，张仪又给楚怀王设置一个陷阱，张仪提出，秦国要重新和楚国和好，并答应把占领的汉中分一半还给楚国。

消息传到齐国，屈原怕楚怀王再次受到欺骗，连忙告别齐王，赶回楚国。

屈原一路上看到百姓埋葬在战争中阵亡的将士，他十分感动，停下车到阵亡将士的灵前参拜。而且，写出了伟大的诗篇《国殇（shāng）》，来悼念为国牺牲的战士们。

这时候，楚怀王已经对张仪恨之入骨，他提出只要把张仪送到楚国，他就愿意和秦国结盟。

张仪果然就来到楚国，他首先私下给上官靳尚和郑袖、熊子兰等人，送去大量珠宝，郑袖就给楚怀王讲好话，楚怀王竟然释放了张仪。

屈原赶回楚国的时候，张仪已经被放走了。屈原对楚怀王说："张仪欺骗大王，致使楚国近百员大将牺牲，八万多战士被杀，为什么不杀张仪，却把他放走了呢？"

楚怀王感到非常后悔，就赶紧派人去追张仪，没有追上。

熊子兰、靳尚和郑袖听说屈原回来了，就再次给楚怀王说屈原的坏话。楚怀王虽然留下屈原，但是，没有再让他担任重要职务，只是恢复了三闾（lǘ）大夫一职。

五、再次流放

屈原不再参与国家大事，他就开始培养学生，开坛讲学。但是，楚国的安危无时无刻不在他的心头牵挂着。

屈原走了，楚国官员都加入郑袖、子兰一党，国家更加混乱。此后，秦国连连对楚国发动战争，楚国彻底失去了对抗秦兵的力量，楚国大片国土被秦国占领。

过了几年，齐、韩、魏三国联合进攻楚国，声讨楚国违背盟约。楚国急忙向秦国求救。这时候，秦惠王赵驷已经死了，他的儿子秦武王赵荡当上了秦王。赵荡提出要楚国把太子押在秦国做人质，才答应出兵营救楚国。

于是，楚国就把太子熊横送到秦国作人质，于是，秦国出兵救援楚国。秦、楚联军打败齐、韩、魏三国联军。

但是，第二年，楚太子熊横有一次和秦国大夫下棋，产生争执，熊横打死了秦国大夫，他害怕被秦王处罚，就私自逃回了楚国。秦国以此为借口，联合齐、韩、魏几个国家一起进攻楚国，楚国大片国土丧失，军队土崩瓦解。

面对国家危难，屈原常常感到悲愤不已，他写了大量的诗歌，抒发自己心中的郁闷之情。

屈子行吟图，选自(明)陈洪绶版画

后来，秦昭襄王赵稷又"邀请"楚怀王熊槐在武关相会。熊子兰等人都主张楚怀王去武关参加会盟。屈原听了非常担心楚怀王的安危，要求面见楚怀王，他对楚怀王说："秦国是像虎狼一样凶残的国家，大王千万不可相信秦国，不能去武关会盟。"

可是，熊子兰害怕楚怀王不去秦国，会得罪秦昭襄王赵稷，怂恿楚怀王前去。结果楚怀王一到武关，就被秦军扣留,劫持到咸阳,后来,楚怀王逃了出来,死在逃跑的路上。

楚国太子熊横继承了王位。熊子兰当上令尹(yǐn),这时,秦国又发兵进攻楚国,打败楚军,占领楚国十六个城镇。

屈原对楚怀王的死非常伤心,对楚国命运牵肠挂肚。但是,熊子兰等人依然憎恨屈原,免去他三闾大夫的官职,把他流放到江南。

屈原第二次被流放到南方的荒僻地区,长达十六年之久。这十六年时间里,屈原颠沛流离,四处流浪,写下了大量的诗歌,表达对国家人民的热爱,对当权者误国的憎恨。其中以《九章·悲回风》等最为有名。

六、投江而死

在屈原流放的十六年里,秦国联合韩、赵、魏等国,不断进攻楚国,秦国大将白起攻入楚国国都郢都,楚国国王熊横带领大臣狼狈逃窜。

屈原对楚国彻底失望了，他在极度苦闷，完全绝望的心情下，于农历五月五日投汨(mì)罗江自尽了。

这一年大概是公元前278年，屈原62岁。屈原去世后只有几十年，楚国就被秦国彻底消灭了。

屈原是我们国家第一位伟大的浪漫主义爱国诗人，从他开始，中国才有了以文学著名于世的作家。他创立了"楚辞"这种文体，影响了中国几千年。他也是被世界上公认的伟大作家之一。只要中华民族存在，人民都会怀念他。

1953年，屈原逝世2230周年之际，世界和平理事会通过决议，确定屈原为世界四大文化名人之一。

赵武灵王

一、五国会葬

我们今天讲的这位历史名人，是战国时代一位大英雄，他嬴姓，赵氏，名叫雍。战国时期赵国第六代君主。

赵雍的爸爸叫做赵语，是一位非常能干的国君，他在位二十四年，用尽心思，励精图治，使赵国变得越来越强大，而且参与各个诸侯国的争霸战争。同时，在北方筑起长城，来抵抗游牧民族的入侵。赵语在位的时候，几乎每年都在征战。

赵语死的时候，只有十五岁的太子赵雍继位。

赵国的老对手魏国，就联合秦国、楚国、燕国和齐国，各派出一万精兵，打着参加葬礼的旗号，想趁着赵国专心办理丧事，来瓜分赵国。

听到五国联军要进攻赵国的消息，赵国国内人心惶惶，许多商人、百姓逃出赵国，甚至一些大臣也暗中与敌国勾结，寻找后路。

但是，刚刚继位的十五岁少年赵雍，面对复杂混乱的局势，不慌不乱，他迅速召集大臣商议对策，他接受大臣肥义的建议，决定采取针锋相对的强硬措施，抱着鱼死网破的决心，摆开与敌人决战的架势。

赵雍采用军事和外交两种手段，来保卫赵国。

在军事上，他命令赵国全境处于戒严状态，命令全国军队，准备与敌人拼死一战。

在外交上，赵雍派出使臣，给越王姒无疆送去大量财宝，让越国进攻楚国。同时，贿赂游牧民族楼烦国，让楼烦国进攻燕国。使楚国只能对付越国，燕国只能对付楼烦国，五国联军就少了两路劲敌。

赵雍还派人去联合韩国和宋国，组成联军，对抗秦国、魏国和齐国。三个国家与三个国家对抗，敌方就失去了优势。

赵国军队把来参加葬礼的各国军队阻拦在赵国边境,只允许使者携带祭品前往赵国国都邯郸。各国使者见赵国军队戒备森严,而且已经与韩国和宋国结成联盟,不得不打消了瓜分赵国的念头。

魏国发起"五国会葬",图谋瓜分赵国的阴谋被赵雍挫败了。少年赵雍初涉君位就经受住了如此严峻的考验。

魏襄王魏嗣见瓜分赵国的阴谋不能得逞,只能亲自到赵国祝贺赵雍正式即位。赵雍和肥义也以礼相待。

赵雍临危不惧,在四面危机中登上赵王之位。

二、胡服骑射

赵雍即位后,就和肥义等大臣商量如何使赵国军队更加强大,在诸侯争霸战中立于不败之地。

当时,中原各国,贵族都穿着宽大的衣服,乘战车作战。宽大的衣服行动非常不便。那时候的战车,用战马拉车,车都是用木头做成的,由于造车技术还很落后,车子

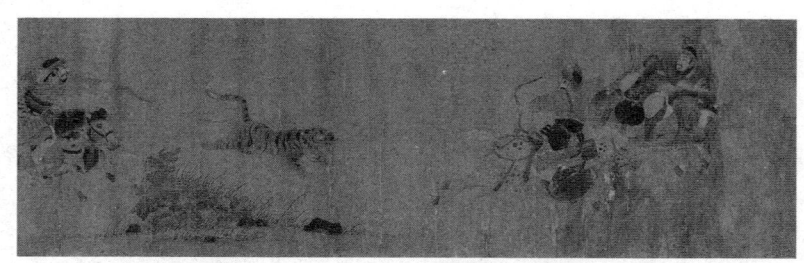

胡人骑射图,(元)赵雍绘

行进速度很慢,车轴经常断裂,一旦遇上山路或者田野,行动就更加困难,有时甚至无法通行。

由于赵国北方边境与游牧民族胡人居住的草原相连,所以,赵国常常与胡人交战。赵雍看到,胡人穿着短衣,骑马射箭,行动便捷灵活,很有战斗力,他就决定向胡人学习,实行"胡服骑射",就是穿胡人的短衣,骑马作战,武器以弓箭为主。同时,克服胡人作战行动散乱,没有纪律的缺点。

赵雍首先在赵国北部军队搞试点。他招收许多胡人，加入赵国军队，担任教练，让赵国士兵跟随胡人学习骑马射箭。北部军队经过改造和训练，战斗力大大提升，在和胡人的战斗中连连取胜。

赵雍就决定在全国组建一支以"胡服骑射"为特点的军队，但是，他担心赵国贵族们反对。

一天，赵雍对肥义说："我要穿胡人服装骑马射箭，并且用这个办法训练百姓，组建军队，可是，世俗的人一定要议论诽谤我，我犹豫不决，该怎么办呢？"

肥义回答说："做事迟疑不定，犹豫不决，就不会成功。您既然决定承受背弃风俗的责难，那么就无需顾虑天下的议论。追求最高成就的人不顺从世俗之见，成就大功的人不找平凡的人商议。愚蠢的人事情成功了他还不明白原因，聪明的人在事情尚无迹象的时候，就能预见结果。只要您认为有利于国家的事，您就去做，还犹疑什么呢？"

赵雍说："我只是恐怕天下人嘲笑我。无知的人快乐，也就是聪明人的悲哀；愚蠢的人讥笑的事，聪明人却能看得清楚。胡服骑射对赵国非常重要，即使世人嘲笑，也无法顾及了。"

赵雍下令，自己和所有官员都要首先带头穿起胡服。

但是，以赵雍的叔叔赵成为首的许多贵族却坚决反对。赵成假装自己有病，不愿意穿起胡服来见赵雍。

赵雍就派王緤（xiè）给赵成送去几套胡服，并且转告赵成说："我希望叔叔能穿上它。家事要听从父母安排，国家大事要听从国君安排，这是古今公认的准则。子女不能反对父母，臣子不能违背君主，这是天下通用的道理。如今我制定政令，改变服装，可是叔父您要是不穿，我恐怕天下人会议论。治国有原则，对百姓有利是根本；处理政事有准则，有令必行最重要。宣传国家政策要先从平民做起，而推行政令就要先让贵族带头。如今穿胡服的目的，不是为了标新立异，满足好奇，而是要让国家强大。如今我怕叔叔违背了原则，因此来帮助叔叔。希望叔叔认真考虑。我还听说过，做有利于国家的事，行为不会有偏差；依靠有名望的人做事，名誉不会受损害。所以我愿仰仗叔叔的威名，来成就胡服骑射的伟业。请您一定穿上胡

骑射图,汉画像砖

服。"

赵成装病躺在床上,他听完王緤转告的话,爬起来叩头说:"我卧病在床,没法去面见大王。既然大王命令我穿胡服,我斗胆回答,我们中国是聪明智慧的人居住的地方,是天下财富聚集的地方,是圣贤教化过的地方,是仁义实行的地方,是远方的人想来朝拜的地方,是蛮夷效法学习的地方。如今大王却抛弃了这些优点,而穿起蛮夷的服装,改变自古以来圣人的教化,改变治国的正道,违反众人的心意,远离中国风俗,所以我希望大王要三思而行呀!"

王缫把赵成的话禀报了赵雍,赵雍说:"我应该亲自去请求叔叔。"

于是,赵雍前往赵成家中,赵成见赵雍亲自来到家中,赶忙起来迎接。

赵雍对赵成说:"人的衣服是为了穿戴的,礼仪是为了实行的。服装和礼仪要根据需要来制定。剪掉头发,身上刺满花纹,衣襟开在左边,这是越国人的习俗。染黑牙齿,额头上刺着图案,戴着鱼皮帽子,穿着粗针大线的衣服,这是吴国人的习俗。中国各地服装礼仪也不尽相同。所以,圣人认为,如果有利于国家,方法不必一致;如果有利于办事,礼仪不必相同。"

赵雍接着说:"我们赵国,东有齐国和中山国,北有燕国和东胡,西有楼烦、秦国以及韩国,可以说是四面面临虎狼之国的威胁。我们为了面子,依然采用旧式武器和战车作战,一旦敌人发动攻击,我军行动缓慢,怎么防御呢?从前,中山国仗着齐国的支持,侵略我们的土地,抓捕我们的人民,还决开黄河淹没我们的城池。如果没有上天保佑，我们的城池早就失守了，先祖们认为这是我们最大的羞辱。我之所以改变服装，更新战备，只是为了准备对付四面之敌。叔父你却为了面子，维护旧的传统，你难道忘了以往的仇恨吗？"

赵成被质问得哑口无言，赶快跪地叩头说："我很愚蠢，没能理解大王的深意，竟敢乱说世俗的见解，这是我的罪过。我怎敢不听从大王的命令呢？"

赵雍于是赐给赵成胡服。

第二天，赵成脱去长袍，穿上胡人的短衣上朝，赵雍见了非常高兴，就下令全国军队，抛弃战车和长服，一律改穿胡服，练习骑马射箭。

经过几年时间，赵雍在赵国训练出一支作战勇猛，纪律严明，机动灵活的骑兵大军。

为了考验新建骑兵的战斗力，赵雍亲自率领一支骑兵部队，进攻中山国，在房子这个地方，打败了中山国的主力部队，从南到北穿过中山国领地，如入无人之境，使中山国军队闻风丧胆。接着，赵雍又率领骑兵部队，穿过胡人楼烦国和林胡国的疆域，向西折向黄河岸边。

赵雍渡过黄河,登上了黄河西岸,与林胡作战,一举打垮林胡主力部队。从此,赵国铁骑成为威震天下的钢铁军队。

赵雍接着率领骑兵,攻取了秦国与林胡接壤的榆中地区,对秦国造成压迫之势。林胡在与赵军的作战中损失惨重,林胡王被迫向赵国献出大量的良种马,才得以求和。在得到良种林胡马的补充后,赵雍又招募了大量的林胡勇士,编入到自己的骑兵之中,从而使赵国骑兵更加强大。

三、灭中山、收楼烦

中山国是北方游牧民族,狄族鲜虞部落建立的国家。最早居住在今天陕西省北部榆林绥德一带,后来迁到太行山区。中山国国民英勇善战,曾经打败邢国和卫国,威震诸侯。因而一直被中原诸侯国视为心腹大患。魏国大将乐(yuè)羊、吴起曾统帅军队,经过三年苦战,占领了中山国。但是,后来中山国又重新建国,经过几十年的发展,国力更加强盛,有战车九千乘,而且经常对临近的赵国发动进攻,成为赵国的死敌。

赵雍决心彻底消灭中山国,解除中山国对赵国的威胁。

从公元前305年开始,赵雍率领赵国铁骑大举进攻中山国,经过几年战争,夺取了中山国大片领土,把中山国完全包围在赵国境内,对中山国进行了严密的封锁。

赵武灵王,选自《东周列国志》

中山国秘密地与北方的林胡和楼烦联系,约定共同进攻赵国。为了不使赵国腹背受敌,赵雍率领军队进攻林胡和楼烦,夺取了大片土地,建立了雁门郡和云中郡,并且修建了两道长城,阻止林胡和楼烦再次南下。

一年之后,为了一心一意训练军队,争霸天下,赵雍把王位传给儿子赵何,任命肥义担任相国,管理国家政治、经济事务,自己则称为"主父",全力管理军队,加强对敌国的战争。

公元前296年,主父赵雍率领军队再次大举进攻中山国,中山国国王姬尚投降,赵雍下令将姬尚迁到今天陕西榆林一带的沙漠边居住。不久,姬尚与楼烦王谋反,姬尚被赵雍带兵杀死,从此,中山国彻底灭亡。

占领中山国后,赵雍就下令在中山国修筑道路,直通邯郸,赵国境内的道路通畅无阻,各地的交流更加方便,境内的各民族之间的交流也更频繁了。

第二年,赵雍巡视刚刚夺取的云中、雁门二郡,在西河遇到楼烦王的部队。楼烦王想进攻赵军,但是见赵军强大,又是赵雍亲自领军,就犹犹豫豫不敢交战。

赵雍知道楼烦军队畏惧自己,不敢与自己交战,于是派使者请楼烦王会谈。楼烦王硬着头皮来见赵雍,没想到赵雍非常客气。

楼烦王告诉赵雍,自己的部落被赶到阴山以北后,由于气候和水草不好,牛羊损失惨重,生活十分艰难。赵雍就答应楼烦王率部落重新回到河套地区,但是,楼烦王必须服从赵国的命令,而且,楼烦国再不许进攻赵国的边境。

最后,赵雍与楼烦王约定,楼烦人可以加入赵国的军队和政府,赵国不会歧视。

楼烦王见可以回归水草丰美的河套地区,而且没有什么损失,便同意了。

楼烦人知道赵国骑兵待遇优厚,远胜于逐草而居的漂泊生活,就很高兴归附赵国。于是,大量的楼烦骑士脱离楼烦王而投入到赵国军队中。

四、干政秦燕

公元前307年,秦国发生了内乱。

秦武王赵荡与大力士孟说(yuè)在洛邑比赛举"龙文赤鼎",结果大鼎脱手,砸断胫骨,双眼流血,到了晚上,气绝而亡,年仅23岁。

赵雍决定干预秦国内政,让秦国效忠赵国。

秦武王没有儿子，赵雍决定把在燕国做人质的秦武王的弟弟赵稷（jì），立为新的秦王，他派使臣前往秦国，告知秦国执政的宣太后芈八子，芈八子害怕赵国铁骑进攻秦国，不得不答应赵雍的要求，立赵稷做了秦王，就是秦昭襄王。

赵稷虽然被赵雍立为新的秦王，但太后芈八子为了不让赵稷受赵国控制，而将赵稷架空，亲自执政，对赵国的要求也敷衍了事，这让赵雍非常生气。于是，赵雍继续向秦国施加压力，迫使宣太后任命赵国人楼缓为秦国宰相。

为了探听秦国实力，楼缓到秦国赴任的时候，赵雍假装随从人员，跟随楼缓进入秦国，赵雍对秦国沿途的风土人情以及军队部署进行了详细考察。

楼缓进入秦都咸阳后，会见了许多秦国的大臣，赵雍都在一旁观察，对秦国大臣进行了解。

楼缓担心赵雍被人认出，劝赵雍尽快离开秦国。赵雍提出，走之前要亲眼见一见赵稷和芈八子，想亲自了解这对母子的为人。

赵稷和芈八子会见楼缓的时候，赵稷和芈八子发现，楼缓对他身后的高大随从，在不经意间有顺从之意，颇感好奇。就故意询问赵雍许多问题，他们发现这个随从人员气度非凡，胸怀与见识更是了不起。

楼缓告辞后，赵稷和芈八子也开始怀疑赵雍的身份。赵雍也感觉到他们对自己有所察觉，便匆匆辞别楼缓，返回赵国。

临别前，赵雍告诫楼缓，赵稷和芈八子都是很有智慧的人，必须小心对付。

赵稷和芈八子觉得楼缓的随从绝非等闲之辈，肯定是赵国的重要人物来刺探秦国情报。于是，派使者请楼缓与随从再到王宫作客。

楼缓赴宴的时候，赵雍已经回赵国了。这更加坚定了芈八子的判断，认定这个人就是赵王赵雍，就迅速派人追赶。但是一直追到边塞也没有见到赵雍。

这件事情传出去后，赵雍的胆量更让诸侯各国敬佩。

公元前315年，赵国的邻国燕国发生了内乱。赵雍将燕国公子燕职拥上燕王之位，并联合秦军打败侵入燕国的齐军，使燕国成为赵国的忠实盟友。

赵国在赵雍的领导下，很快成为强国之一，于是，赵雍下令，在信都的信宫，也就是今天河北邢台这个地方，召集天下诸侯会盟，各个诸侯国君都恐惧赵国，不敢不来。赵雍成为天下霸主。

五、梦中情人

赵雍的夫人是韩王的女儿，为赵雍生了儿子赵章。后来，夫人去世了。

赵雍30岁的时候，一次到大陵这个地方巡游。有一天夜里，他梦见一位美丽的少女，弹着琴唱着歌向自己走来，赵雍在梦中听见那少女唱道："美人荧荧兮，颜若苕（tiáo）之荣。命乎命乎，曾无我嬴。"歌词的意思是："美丽的姑娘光洁照人，她的容颜就像凌霄花开。她的到来都是命运注定呀！因为他的身边没有我嬴姓的姑娘。"

赵雍从梦中醒来，对梦中少女十分留恋，就把这个梦说给文臣武将们听，而且他还把梦中少女的形象，讲得非常逼真。他手下大臣吴广听了之后，觉得赵雍梦中的少女，太像自己的女儿孟姚了，于是就把孟姚献给了赵雍。

赵雍见了孟姚，正是自己梦到的样子，非常喜爱，就把孟姚称为吴娃。吴娃作了赵雍的王后，没过几年，就生下了王子赵何。

六、沙丘之变

赵雍因为宠爱吴娃，废掉了太子赵章，将王位传给吴娃生的儿子赵何。赵何在肥义的协助下，很快掌握了国家大权。

赵章被废后，毫无怨言，一如既往地孝敬赵雍。但是，赵雍每次看见长相更像自己的赵章在朝见弟弟时，都显得很委屈，这让赵雍十分愧疚痛心。于是，赵雍就想找一个办法，弥补赵章。他封赵章为安阳君，派大臣田不礼做赵章的宰相。

田不礼是一个阴险狡诈的人，他本来是齐国的贵族，因为被排挤才逃到赵国,他一心想利用赵国恢复自己的地位。田不礼不断煽风点火,挑拨赵章谋反,夺取王位。然后依靠赵章,再打回齐国夺权。

公元前295年,赵雍打算把代郡分给赵章,立赵章为代王,遭到赵何和肥义的反对。赵章得到消息,决定和田不礼采取行动夺取王位。他们利用赵雍到沙丘选看墓地的机会,发动了"沙丘之变",杀死了肥义,但是,却被赵何和信期率领的军队打败。田不礼逃亡宋国,赵章被杀。

信期等人还包围主父宫,不许赵雍出宫。赵雍气愤至极,但是独自一人无法冲出来,最后,被围在宫内三个多月,活活饿死,死时46岁。

赵雍死后,谥号为"武灵王"。

七、名留史册

赵雍是历史上一位有雄才大略的君王,在他15岁的时候,顶住被强国灭国的压力,在内忧外患中当上国君;他锐意改革,把一个弱小的国家变得非常强大;他吸收学习游牧民族文化，使陈规陋习得到改变，让国家焕发出新的活力，加速了民族之间的融合；他领导中原国家第一次彻底战胜草原游牧民族；他干预秦国内政，拥立燕国国君，威震诸侯。但是他却在处理两个儿子的关系上优柔寡断，随后酿成内乱，使自己被活活饿死。

廉颇与蔺相如

一、和氏璧

楚国有一个砍柴的人，名字叫做卞(biàn)和。有一天，他到荆山上砍柴，发现了一块石头。卞和认为这块石头里蕴含着美玉。他想将它献给楚王。于是，他就抱着这块石头，来到楚王宫。

楚厉王熊眴(xún)让王宫里的玉匠鉴别，玉匠大概看了一下，说："这是一块普通的石头。"

熊眴认为卞和有意欺骗他，下令砍去了卞和的左脚。

过了几年，熊眴死了，他的弟弟熊通当上了楚王，就是楚武王。卞和得到消息,就再次捧着那块石头去见熊通。熊通又命令玉匠鉴别,玉匠还是说:"这就是一块石头啊!"

熊通认为卞和戏弄自己,就下令砍去了卞和的右脚。

又过了几年,熊通死了,他的儿子熊赀(zī)登基,当上了楚王,就是楚文王。

卞和觉得自己很忠实却被人误解,还遭受酷刑,被砍掉双脚,他就非常伤心,整天抱着那块石头,在荆山下哭泣,哭了三天三夜,眼泪流干了,眼眶里竟然流出血来。

熊赀得到消息,就让人来问他。说:"天下被砍掉双脚的人多了,但是没有一个人像你哭得这样伤心,你究竟伤心什么呢?"

卞和说:"我并不是因为被砍掉双脚而伤心啊!我伤心的是美玉被当作普通的石头,忠诚的人被诬陷成骗子。所以非常悲伤。"

于是，熊赀派人刨开那块石头，里面果然是一块美玉。他下令玉匠把那块美玉做成一块玉璧，称作"和氏璧"。和氏璧是天下难得的珍宝。

二、完璧归赵

卞和献玉的故事发生三百多年之后，和氏璧从楚王宫流失到了民间。

有一次，赵国的宦官缪（mù）贤从楚国经过，他花了很多财物，从一个商人手中买到了和氏璧，并且把它奉献给了赵惠文王赵何。赵何得到这件天下难得的宝贝，非常高兴，他邀请王公贵族和许多诸侯国国君到赵国欣赏和氏璧。这件事就传到了秦昭王赵稷（jì）的耳朵里，赵稷很想得到和氏璧，他就给赵何送去一封信。他在信里说，秦国愿意用十五座城邑来交换和氏璧。

赵何接到信，感到非常担心，他知道秦国强大，而且言而无信，如果把和氏璧给秦国，秦国的城邑肯定得不到，只能白白受骗。如果不给秦国又担心秦国会出兵攻打赵国。

赵何一时拿不定主意,就召集文臣武将一起商议这件事。

赵何说:"秦国要拿十五座城邑交换和氏璧,但是秦国向来言而无信,如果我把和氏璧送到秦国,秦国可能不给我们城邑,和氏璧也拿不回

完璧归赵,(清)吴历绘

来了。有没有一个人,可以带和氏璧出使秦国,如果秦国不给我们十五座城邑,他还能把和氏璧安全带回来呢?"

缪贤说:"我想推荐我的门客蔺相如去。"

赵何问:"为什么?"

缪贤回答说:"蔺相如是一个很有智慧和胆量的人,他曾经给我出了好多很好的主意。我认为他一定能够完成任务。"

于是，赵何召见蔺相如。

赵何问蔺相如："秦王打算用十五座城换我的和氏璧，能不能给他？"

蔺相如回答说："秦国强赵国弱，如果不答应，秦国就有借口进攻赵国，所以不能不答应他。"

赵何又问："如果秦王得到和氏璧，不给我们城邑怎么办？"

蔺相如说："秦王请求用十五座城交换和氏璧，这是很重的砝码，赵国如果不答应，天下人都会觉得赵国不懂道理。如果给了和氏璧，秦国不给赵国城邑的话，天下人就会说秦国言而无信，那就是秦国理亏。宁可答应把和氏璧给秦国，使它承担理亏的责任。也不能不答应而让赵国理亏。"

赵何接着问："谁可以去出使秦国呢？"

蔺相如说："如果大王实在找不到合适的人，我愿意捧着和氏璧出使秦国。如果秦国把城邑给赵国，我就把和氏璧留给秦国。如果秦国不把城邑给赵国，我就把和氏璧完好无缺地带回来。"

于是，赵何就派蔺相如带着和氏璧出使秦国。

秦王赵稷不在正殿接见蔺相如，而在妃子们居住的章台宫接见蔺相如。

蔺相如将和氏璧献给秦王。

赵稷非常高兴，把和氏璧传给他的妃子及左右的人看，大家都欢呼起来，一起高呼"万岁"，没有一个人提起划给赵国十五座城邑的事情。

蔺相如走上前说："和氏璧上有瑕斑，请让我指给大王看。"

赵稷让人把和氏璧交给蔺相如。

蔺相如接过和氏璧，退后几步背靠着柱子，愤怒地说："大王想要得到和氏璧，于是派人给赵王送信。赵王召集所有大臣商议，大家都说秦国贪婪，倚仗它强大，想用假话骗取和氏璧。而我认为平民之间的交往尚且不能相互欺骗，何况是大国之间的交往呢？为了一块璧得罪强大的秦国，是没有意义的。于是，赵王派我捧着和氏璧和国书，来到秦国。为什么要这样呢？是尊重大国的威望呀！现在我来到秦国，大王却在一般的宫殿接见我，礼节十分傲慢,得到和氏璧后又将它传给妃子们看。我看大王没有给赵国十五座城邑的意思,所以又把和氏璧取回来。大王如果一定要逼我,我的头现在就与和氏璧一起撞碎在柱子上。"

蔺相如手持和氏璧,就要向柱子上撞去。

秦王赵稷怕蔺相如真地把和氏璧撞碎了,就婉言道歉,并且召来负责的官吏,拿着地图,给蔺相如看要划给赵国的十五座城邑。

但是,蔺相如无法再相信秦王,他说:"和氏璧是天下公认的宝物,赵王敬畏大王,不敢不献出来。赵王送璧的时候举行斋戒礼五天,现在大王也应斋戒五天,并且在朝堂上举行隆重的礼节,我才能献上和氏璧。"

秦王赵稷无奈,只好答应了蔺相如的要求。

但是,蔺相如估计秦王是在欺骗自己,他就让他的随从,悄悄带着和氏璧,从小路逃回赵国去了。

秦王斋戒五天后,在朝廷上设了"九宾"的礼仪,会见蔺相如。

蔺相如走上大殿,对秦王说:"秦国自从穆公以来的二十多位君主，没有一个是守信用的。我怕被大王欺骗，而对不起赵国，所以我就派人带着和氏璧，从小路回赵国了。再说了，秦国强大，赵国弱小，大王如果真想得到和氏璧，可以派一个使臣到赵国去，赵国会立刻捧着璧送来。现在，凭借秦国的强大，先划割十五座城给赵国，赵国怎么敢留下和氏璧而得罪大王呢？我知道欺骗大王的罪过应该处死，我请求大王把我放在锅里煮了。"

秦王和群臣面面相觑（qù），无可奈何。有人想把蔺相如拉下去行刑，被秦王制止了。

秦王说："现在杀了蔺相如，还是得不到和氏璧，反而断绝了秦、赵两国的关系。不如趁此好好款待他，让他回赵国去吧。"

三、渑池会

蔺相如回国之后，赵王认为他是个有才能的人，出使强大的秦国，不受欺辱，有胆有识，就任命他做上大夫。

后来，秦军两次攻打赵国，攻下了石城，杀死赵国两万多人。秦王赵稷逼着赵王赵何在渑池举行会谈。赵何害怕秦国，不想去。

蔺相如说："大王如果不去，显得赵国既软弱又胆小。"

于是，赵何只好带着蔺相如等人，前往渑（miǎn）池与秦王会谈。

会谈中，秦王边喝酒边说："我听说赵王喜好音乐，请赵王弹弹瑟吧。"

赵王不好推辞，就弹起瑟来。

秦国的史官走上前来，记录道："某年某月某日，秦王与赵王会盟饮酒，让赵王弹瑟。"

蔺相如认为，这是秦王把赵王当作乐师，是对赵王的侮辱。

于是，他走向前说："赵王听说秦王善于演奏秦地的乐曲，请允许我献缶（fǒu）给秦王，请秦王演奏。"

秦王生气，不理蔺相如。蔺相如递上瓦缶，跪下请求秦王敲击演奏，秦王不肯击缶。蔺相如威胁说："如果大王不愿意击缶，我就在这五步之内拔剑自杀，把自己脖子里的血溅在大王身上。"

秦王身边的侍卫们要杀蔺相如。蔺相如瞪着眼睛大声叱骂他们,侍卫们都退下去了。秦王被蔺相如的气概镇住了,只好敲了一下缶。

蔺相如回头让赵国史官写道:"某年某月某日,秦王为赵王击缶。"

秦国的大臣都说:"赵王应该把赵国的十五座城,献给秦王。"

蔺相如说:"请把秦国的都城咸阳送给赵王。"

直到酒宴结束,秦王始终未能占到赵国的便宜。赵国也部署了大批军队来防备秦军进攻,秦军也不敢轻举妄动。

渑池会结束后,回到赵国,由于蔺相如功劳大,被封为上卿。

四、将相和

廉颇是赵国名将,曾率兵攻打齐国,占领了阳晋,被封为上卿。他几次带兵抵御秦军,立下汗马功劳。

蔺相如被封为上卿,虽然和廉颇一样,但是威望高于廉颇,廉颇非常不高兴。廉颇想:"我是赵国的大将,带领军队,出生入死征战,立下大功,而蔺相如只凭口舌言词立下功劳,他的职位竟然在我之上。况且蔺相如本来是卑贱的门客,如今我的位置却在他之下,我感到羞耻。"

廉颇对人说:"如果遇到蔺相如,我一定要想办法羞辱他。"

有人把廉颇的话告诉蔺相如,蔺相如就有意回避廉颇。远远看见廉颇,蔺相如就让车子掉头,避开他。

蔺相如身边的人问蔺相如说:"我们离开亲人,来侍奉您,就是因为仰慕您的高尚品德和节义啊。现在,您的职位在廉颇之上,廉将军口出恶言,您却害怕他躲避他,这太过分了。就是普通人,也感到羞耻,更何况是您这样的大官呢?既然您胆小如鼠,我们还是告辞离开吧!"

蔺相如说:"你们看廉将军与秦王相比哪个厉害?"

门客回答说:"廉将军不如秦王厉害。"

蔺相如说:"秦王那么厉害,我蔺相如都敢在秦国的朝廷上呵斥羞辱他的大臣。我难道害怕廉将军吗?但是,我想，强大的秦国不敢轻易进攻赵国，是因为有我和廉将军啊，现在如果我们两虎相斗，势必不能共存。我之所以这样做，是为国家考虑，以国家利益为先，而以自己的面子为后啊。"

有人把蔺相如的话告诉廉颇，廉颇听了，感到非常惭愧，于是他脱去上衣，露出脊背，身上背着荆条，到蔺相如家门前请罪说："我是个粗俗自私的人，想不到将军宽容我到这样的地步啊！"

肉袒负荆，
选自（清）马骀绘《历代名将画谱》

于是，廉颇和蔺相如和好了，成为生死与共的朋友。有一个成语叫做"负荆请罪"，就是出自廉颇和蔺相如的故事。

孩子们，做人要学习蔺相如，顾全大局，不能为了个人私利，就和别人闹矛盾，最后两败俱伤，谁都得不到好处。

韩 非

一、抑郁一生

韩非，姬姓，韩氏，名叫非。是我们国家战国时期法家的主要代表人物。法家就是主张用刑法治理国家的人。

韩非是韩国的贵族，他生来口吃，说话结结巴巴。但是，他聪明过人，思维敏捷。开始他跟随当时著名的儒家思想家荀子学习，和李斯是同学。但是，他后来喜欢学习道家和法家的思想，而且成为法家最重要的思想家。

韩非生活的时代，韩国已经非常衰弱贫困，国家管理混乱，军队弱小，面临秦国、齐国和楚国的威胁。韩非主张用法家的思想治国,使韩国变得强大起来。但是,他多次给韩国国君韩桓惠王韩然上书,都得不到韩然的重视。韩非感到非常悲愤。他发奋著书立说,写出了分析古今变化和天下形势的许多篇文章,他的文笔生动,见解深刻,很快,这些文章就在各个诸侯国传开了。

有一天,秦王赵政读了韩非的文章,叹息说:"我如果能和这个人见一面,死而无憾了。"

秦王的宰相李斯说:"这些文章是我的同学韩非写的,大王如果想见韩非,就出兵攻打韩国,要求韩王派韩非来秦国,大王就可以见到韩非了。"

于是,秦国就发兵进攻韩国。

韩桓惠王在危机时刻,让韩非出使秦国。韩非来到秦国,秦王赵政很喜欢他的学问,就决定重用他,却引起李斯的嫉妒。

后来,秦王要征服六国,李斯提出首先进攻韩国,遭到韩非的反对。李斯对赵政说:"韩非毕竟是韩国的贵族公子,他反对进攻韩国,保护自己的国家,是人之常情。韩王派韩非来到秦国,他的目的就是要利用韩非的才能,掩藏他保护韩国的目的，一旦有机会，他就会做出损害秦国的事情。"

秦王听了李斯的话，非常生气，就下令把韩非关进监狱。李斯私下让管理监狱的廷尉逼韩非服毒自杀。韩非想上书秦王，替自己辩解，但是得不到机会，就只好服毒自杀了。

《韩非子》书影

后来，秦王赵政认识到不应该关押韩非，他下令释放韩非，可是，这时候韩非已经死了。韩非死时只有47岁。

韩非是古代著名的文学家和思想家，他留下的书叫做《韩非子》，是我们国家古代法家的重要经典著作。他的文章构思精巧，描写大胆，语言幽默，在平实中见奇妙，具有耐人寻味、警策世人的特点。

我们重点讲《韩非子》一书中的几则寓言故事。

二、自相矛盾

楚国有个卖矛又卖盾的人,他首先夸奖自己的盾,说:"我的盾很坚固,任何矛都无法戳穿它!"

然后,他又夸耀自己的矛,说:"我的矛很锋利,没有什么盾不能戳破!"

有人问他:"如果用你的矛去戳你的盾,会是什么结果呢?"

楚国人张口结舌,回答不出来了。

什么都不能刺穿的盾与什么都能刺穿的矛,不可能同时存在于世界上。

韩非的这个故事,讲了一个深刻的道理,一个人说话办事必须实事求是,前后一致,不能故意夸大,言过其实。

矛和盾的故事,后来发展成一个哲学命题,毛泽东有著名的哲学著作《矛盾论》。

三、守株待兔

《韩非子》这部书里有一篇文章叫做《五蠹（dù）》，其中写了这样一则故事：

宋国有个农民，他家田头上有一棵树。

一天，一只野兔飞快地跑过来，撞在了树上，结果，撞断了脖子死了。

这个农民捡了这只兔，美餐一顿。

农民想，会不会还会有兔子跑过来撞到树上？如果这样，他每天都可以捡到一只兔子，就有兔肉吃了，也就用不着辛苦耕田了。

于是，这个农民就放下农具，日日夜夜守在树边，希望能再捡到一只兔子。

然而，此后再也没有野兔撞到树上了。

这个宋国农民的做法也被世人耻笑。

韩非的这个故事，告诉我们，做任何事，都不能死守教条，不懂事物的变化，更不能心存侥幸，希望不劳而获。

四、讳疾忌医

《韩非子·喻老》里讲了这样一则故事:

有一次,名医扁(biǎn)鹊(què)去见蔡桓公田午。

扁鹊在蔡桓公旁边站立了一会儿,对蔡桓公说:"你有病了,现在病还在皮肤的纹理之间,若不赶快医治,病情将会加重!"

蔡桓公听了,笑着说:"我没有病。"

等扁鹊走了以后,蔡桓公对身边的人说:"这些医生就喜欢医治没有病的人,把这个当做自己的功劳。"

十天之后,扁鹊又去见蔡桓公,说:"你的病已经发展到肌肉里,如果不治,还会加重。"

蔡桓公不理他。

扁鹊走了以后,蔡桓公很不高兴。

又过了十天,扁鹊又去见蔡桓公,说:"你的病已经转到肠胃里去了,再不赶快医治,就会更加严重了。"

蔡桓公仍旧不理睬他。

又过了十天，扁鹊去见蔡桓公，望了蔡桓公一眼，转身就跑了。

蔡桓公觉得奇怪，就派人去问扁鹊。

扁鹊说："一个人病在皮肤的纹理间，用烫熨的方法就能治疗；病在肌肤，用针石就可以治疗；病在肠胃，用火剂可以治愈；病如果到了骨髓里，那是掌管人命的天神管理的事情，我也没有办法了。今天，大王的病已经在骨髓里了，我没法治疗了。"

五天之后，蔡桓公浑身疼痛，赶忙派人去请扁鹊，扁鹊早已逃到秦国去了。

蔡桓公不久就死了。

韩非的这个故事，告诉我们，许多问题，一定要及早处理，不要等事情发展到不可救药的地步，就悔之晚矣。

成语"讳疾忌医"就出自这个故事，是说一些人不愿意承认自己的问题，掩盖错误，害怕批评，就像病人不愿意承认自己有病，忌讳看医生一样，不愿意改正。

五、滥竽充数

《韩非子·内储说上》中讲了一则故事：

齐宣王田辟疆喜欢听人吹竽，而且喜欢听合奏，他的乐队最少要三百人一起合奏。

有一个姓南郭的隐士，根本不会吹竽，但他想混口饭吃，就请求给齐宣王吹竽，齐宣王很高兴，就安排南郭隐士到乐队里演奏，而且待遇和那几百个人一样。

齐宣王田辟疆死后，他的儿子齐湣（mǐn）王田地继承了王位。齐湣王却喜欢听独奏，南郭隐士一看形势不妙，就赶快逃跑了。

韩非的这则寓言，讽刺了无德无才、招摇撞骗的骗子，提醒人们只要严格把关，骗子就难行骗。